기억하지 않는 역사는 되풀이 된다
(남산 기억의 터, 세상의 배꼽에 새겨진 글, 2016년)

민족을 버리면 역사가 없을 것이며,
역사를 버리면 민족의 그 국가에 대한
관념이 크지 않을 것이니, 아아,
역사가의 책임이 그 또한 무거운 것이다.

(신채호, 독사신론(讀史新論)서론 中, 1908년)

역사를 잊은 민족에게
미래는 없다

머리말

　우연한 기회에 어쩔 수 없이 조선민족대동단기념사업회의 회장으로 취임하게 되었다. 전임 회장이신 임재경 전 한겨레신문 편집인께서 꼭 회장을 맡아달라는 부탁이 있었다. 이유인즉, 대동단 총재이신 김가진 선생이 서훈을 받지 못했는데, 너무 부당하다고 생각이 되어 필자에게 대동단 회장으로서 이 문제를 좀 해결해 주면 어떻냐는 것이었다. 내일신문 발행인으로서 내일신문은 말 그대로 미래를 지향하는 신문이므로 과거에 대해서는 관심이 적었다. 물론 완곡하게 거절했지만, 독립운동을 한 대동단 총재가 서훈을 못 받는다는 것은 상식적으로 납득할 수 없어 승낙하고 말았다.

　사실상 25년 동안 7번이나 서훈이 거부된 이 문제를 누군가는 해결해야 한다는 생각에서 조그마한 힘을 보태고자 시작한 일이 이제 이 책을 쓰는 것으로 나아가게 되었다. 왜 서훈이 되지 않았는가 보니, 대동단, 특히 총재 김가진의 생애에 복벽주의와 친일이라는 프레임이 씌워졌기 때문이라는 것을 알게 되었다. 그래서 김가진이라는 분이 어떤 분인가. 그가 살았던 시대가 어떤 상황인가. 그는 그 속에서 어떤 역할을 했는가를 뒤늦게 공부하게 되었다.

  필자는 대학에서 경제학을 배운 사람으로 역사학과는 거리가 먼 사람이다. 단지 건전한 상식을 가진 사람으로서 뒤늦게 역사를 공부하고, 판단하려 했다. 비록 7개월 정도지만 틈틈이 역사책들을 섭렵하면서 대동단 총재 김가진은 결코 친일이 아니라는 사실에 확신을 갖게 되었다. 대동단이 1919년 4월에 결성된 비밀 지하 점조직이라는 사실은 누구나 인정하고 있다. 그런데 그 총재인 김가진은 오늘까지 친일파나 복벽주의라는 프레임에 걸려 서훈을 받지 못하고 있다. 김가진이 복벽주의가 아니라는 것은 쉽게 이해시킬 수 있다. 왜냐하면 대동단은 1919년 9월 2차 강령에서 독립 · 평화 · 사회주의를 강력하게 주장했기 때문이다. 사회주의는 복벽주의와 너무나 거리가 먼 관념이다.

  그러나 총재 김가진은 일제가 일방적으로 준 남작 작위를 명백하게 거부하는 표현을 그 즉시 하지 못했다. 우리 민족의 최대의 적인 이토 히로부미에게 시를 써 준 것도 문제가 되었다. 또 고종 승하 이전까지 일제에 침묵했고, 1910년 한일강제병합 이후 일본 시찰 등도 있었다.

  그리고 뒤이어 지하조직의 총수가 되고 상하이로 망명하여 그곳에서 운명했다. 김가진의 일생을 더듬어 보면, 그는 결코 친일파가 될 수 없는 사람이었다. 그는 40세에 과거에 급제하여 청일전쟁 과정에서 경복궁이 포위되었을 때 단신으로 고종을 구출하여 갑오개혁의 중심이 되었던 인물이다. 고종의 최측근 외교관 고위 관료였다. 이른바 고종의 가장 중요한 '대일창구'였다 해도 과언이 아니다. 외교관이라는 직업의 역할을 보면, 본국(당시는 고종 치하 조선)의 의중에 의해서 움직이는 사람일 수밖에 없다. 그의 마음속에는 반일 감정이 싹트고 있다 해도, 그것이 국익에 도움이 되지 못한다면 표현할 수 없었을 것이다. 즉 고종에게 도움이 되지 못했기 때문에 그는 그것을 감추고 있었을 것이다. 그가 고종이 하사한 서울의 경복궁 근처 청운동의 1만여 평 부지를 결국 동양척식주식회사에 빼앗기는 곤경에 처하는 것을 보아도 그에게 씌우는 친일 프레임은 성립될 수가 없다.

그래서 필자는 갈수록 확신을 할 수밖에 없었다. 김가진은 친일이 아니라 친고종, 외교관 출신의 고위 관료였다. 1919년 1월 고종의 승하와 함께 그는 그가 가지고 있었던 유교적 세계관을 떨쳐버리고 새롭게 앞으로 나아가게 된다. 대동단 총재가 되고, 1차 강령에서 독립·평화·자유를 주장하고, 그해 9월에 독립·평화·사회주의로 바꾸는 과정은 동농의 영향이 가장 컸다고 본다. 이제 그는 3·1운동과 함께 항일 투사로 나아가게 된다. 그리고 뒤이어 망명, 임시정부 고문, 북로군정서 고문으로 생을 마감하게 된다.

건전한 상식을 가진 사람이라면 이런 분은 25년 전에 이미 서훈을 받았어야 마땅하다고 생각할 것이다. 아마도, 당시는 사회주의에 대한 거부감이 있었을 것이다. 또 일부 기능주의적인 단순한 관점에서 외교관이나 고종의 대일창구로서의 표현이나 글들을 문제 삼아 서훈이 보류된 것으로 볼 수 있다.

또한 관찰사로서 의병을 압송한 것도 서훈 거부에 주요 사항으로 등장한다. 그는 고종의 신하, 즉 공무원 관료로서 한 것일 뿐인데, 지금 서훈 거부의 주요 이유가 되고 있다. 지금 관점과 개화기(혹은 조선 말기)의 관점에서 보는 김가진은 많은 차이가 있다. 되도록 그때의 시점에서 그를 평가해야 한다.

너무나 이상한 것은 김가진을 따라 같이 망명한 아들, 그리고 뒤이어 상하이에 온 며느리도 모두 서훈을 받았고, 대동단원인 전협, 최익환 등 주요 80여 명이 모두 서훈을 받았는데, 총재만 서훈을 받지 못한 것이다. 누가 동의하겠는가? 잘못되어도 한참 잘못되었다고 생각된다.

그래서 학자도 아니고, 연구자도 아닌 입장에서 뒤늦게『대동단 총재 김가진』이라는 책을 써서 연구자들이나 학자, 또는 관심 있는 학생들에게 알리고자 이 글을 쓰게 되었다.

그리고 마지막으로 이 글은 구술에 의한 구어체로 썼다. 단, 역사학을 전공한 임시정부기념사업회 이상혁 과장이 각주를 붙이는 등 필자가 잘 모르는 부분을 수정, 가필하여 책을 만들게 되었다. 또한 병석에 계신 김가진 선생의 손자되시는 김자동 선생께서도 많은 도움을 주셨다는 점을 이 글을 통해 밝히고자 한다.

조선민족대동단 총재 김가진이 독립운동가인가 아닌가는 독자들의 판단에 맡긴다.

서문

 2022년 7월 4일은 조선민족대동단 총재 동농(東農) 김가진(金嘉鎭)의 서거 100주년이다. 김가진은 대한제국 대신 가운데 독립운동을 위해 망명까지 결행한 유일한 인물이다. 일흔네 살에 국내에서 조선민족대동단을 결성했으며, 중국 상하이로 망명해 대한민국임시정부 고문, 김좌진 장군이 이끈 북로군정서 고문으로 일제에 맞서 싸웠다. 하지만 나이는 어쩔 수 없어, 망명지에서 영양실조와 병고에 시달리다 끝내 눈을 감았다.
 김가진은 1846년, 유교 사회질서에서 태어나 스스로 노력으로 자신을 옭아맸던 굴레를 벗어던지고 시대의 한계를 뛰어넘은 입지전적 인물이었다. 1919년 고종의 서거 후 군신 의리에서 풀려난 김가진은 유교적 세계관을 떨쳐버리고 일제 무단통치에 저항하기 위한 비밀 지하조직 조선민족대동단 총재가 되어, 죽는 순간까지 대동단을 이끌었다.
 김가진은 3·1운동이 일어난 직후인 5월 대동단의 강령을 독립·평화·자유에서 9월 독립·평화·사회주의로 바꾸는 결단을 내린다. 당시 한반도, 나아가 망명지에 둥지를 튼 어떤 독립운동단체도 자유와 사회주의를 기치로 내건 조직은 거의 없었다. 대동단은 선구적인 단체였다. 동농은 일찍이 한학을 배웠지만, 조선의 전형적인 사대부와 달리 중국어와 일본어, 영어까지 공부해 시대의 변화를 인식하여, 역사의 새 지평을 개척한 사람이었다.

동농은 만 20세인 고종 3년 조대비(趙大妃)를 인견하여 개혁 의견서를 올려 주목을 받았다. 그렇지만 당시 권력은 대원군의 수중에 있었고, 동농은 10여 년이 지난 1877년에야 요즘의 '9급 공무원'에 해당하는 규장각 검서관으로 벼슬길에 나갔다. 그 후 10여 년 동안 김가진은 절치부심하여 서세동점[1]의 격랑에 맞서는 외교관의 자질을 닦았다. 그리고 그는 제물포 개항 실무를 담당하며 외교관으로서 첫발을 내딛게 된다.

만 40세가 되던 1886년, 동농 김가진은 과거에 급제하고 외교관으로서의 역량을 본격적으로 발휘하기 시작했다. 첫 임지인 중국 천진에 종사관으로 부임해 무너져가는 중국 청나라를 똑똑히 알게 되었다. 이후 그는 주일공사 대리를 거쳐 주일공사로서 4년이라는 긴 기간을 역임하며, 이 시기 서양 열강의 공사들에게 조선이 독립국임을 인식시켰다.

김가진은 추진 주체와 속도에서 견해 차이는 있었지만, 김옥균·서재필 등과 함께 개화파의 입장에 섰을 뿐 아니라 조선의 사실상 첫

---

[1] 西勢東漸 : 서양(西洋) 세력(勢力)이 동쪽으로 점점 다가온다는 뜻으로, 서양 열강들이 아시아를 침략한다는 의미임.

번째 주일 상주 외교관으로서 조정의 세도가들은 엄두도 내지 못했던 고종의 '대일본 창구' 역할을 충실하게 소화했다.

1894년 갑오년에 일본 군대가 경복궁을 에워쌌을 때, 김가진은 혈혈단신으로 일본군 포위망을 뚫고 고종의 안위를 지킨 공으로 갑오개혁을 주도한 핵심 인물이 되었다. 그는 이조참판, 병조참판, 공조판서, 농상공부대신으로 재직하면서도 외교 업무를 겸임한 특별한 인물이었다. 동농 김가진은 갑오개혁의 설계자이자 자주외교의 주역이었고, 이는 훗날 카이로선언에서 연합국이 우리나라를 독립국으로 인정하는 역사적 바탕이 되었다.

삼국간섭-을미사변-아관파천으로 이어진 혼돈의 소용돌이 속에서, 김가진은 일본의 간섭을 배제하기 위해 광무개혁을 강력히 추진했다. 그 핵심은 조세개혁과 법령 근대화 그리고 신식교육제도 도입이었다. 그는 앞서 갑오개혁을 통해 봉건제를 타파하려 했듯이, 광무개혁으로 근대국가 전환을 위해 온 힘을 다 바쳤다. 그러나 동농 김가진 한 사람의 힘으로는 쓰러져가는 대한제국을 구하기에는 역부족이었다.

김가진은 1905년 을사늑약과 1910년 한일강제병합을 강력히 반대했다. 대한협회 회장으로서 일진회를 규탄하며 반일의 입장을 분명하게 했다. 그러나 동농은 유교적 한계를 벗지 못했다. 그는 고종이 신뢰한 몇 안 되는 고위 관료였고 외교관이었다. 고종이 살아있는 한 동농 김가진은 혁명가가 될 수 없었으며, 외교관 혹은 개혁가로서 역할을 할 수밖에 없었다.

그러나 그의 가슴속 깊은 곳에서는 자주독립을 향한 뜨거운 열정이 불타고 있었다. 1919년 1월 고종의 서거와 함께 애써 억누르던 그 열정은 폭발했고, 김가진의 진면모가 마침내 확연히 드러났다. 바로 일제에 저항하는 국내 최초의 항일 지하조직 조선민족대동단 총재로서 항일 전선에 당당히 나선 것이다.

대동단(大同團)이라는 이름에서 나타난 바와 같이 동농은 양반과 노비를 비롯한 모든 신분제를 타파해 각계각층의 모든 사람이 항일 투쟁에 하나가 되기를 염원했다. 대동단은 여성, 백정, 보부상, 학생, 종교인 등을 망라했다. 동농이 진정한 의미의 미래 사회를 꿈꾼 것은 대동단 강령에 잘 나타나 있다. 자유를 기반으로 한 사회주의를 실현하고자 하는 뜻이었다. 즉, 차별 없는 대동사회가 그의 꿈이었다.

일제치하에서 독립운동 지하조직의 최고책임자가 체포되면 무기징역 또는 사형이었다. 김가진은 목숨을 걸고 국내에서 일제에 저항하는 지하조직을 창설했다. 대동단은 제2차 3·1운동을 계획하는 등 적극적으로 독립 투쟁을 도모했다. 그 결과 대동단은 일제의 가혹한 탄압으로 위험에 처하게 된다.

1846년에 태어난 동농은 부모와 주위 사람들의 사랑을 듬뿍 받고 자랐다. 김가진은 많은 선배와 친구들이 도움으로 특출난 자질과 재능을 갖게 되었다. 그는 인간에 대한 애정이 남달랐다. 서양 문물에 대해서는 자강 차원에서 실용주의적으로 접근했으며, 특히 일제와는 양립할 수 없다는 자주독립의 흔들리지 않는 원칙을 견지했다.

김가진은 조선의 관료에서 대한제국의 대신까지 올랐으나, 항일에 나서 조선민족대동단을 조직하고 대한민국임시정부에 합류했다. 이로써 그는 조선과 대한제국과 대한민국을 잇는 역사의 다리를 놓은,

조선 말기에는 찾아보기 힘든 존경스러운 인물이다.

그는 당시 조정에서 해외 견문에 가장 밝은 인사여서, 개혁개방에 반대했던 이들마저도 그의 능력을 인정하지 않을 수 없었다. 그것이 격동의 시대에 그가 살아남을 수 있었던 배경이었다.

김가진은 여주목사, 안동부사, 황해도관찰사, 충청남도관찰사 등 목민관 역할도 훌륭히 수행했다. 부임하는 곳마다 백년대계를 위한 교육과 산업의 발전을 위해 노력했다. 외교력을 발휘하려면 국방력이 튼튼해야 한다는 점도 정확히 알고 있었다.

김가진은 독립협회, 만민공동회, 대한협회 활동으로 민의의 대변에 앞장서기도 했다.

그러나 당시에는 근대 정치조직을 구성할 만큼 시기가 성숙하지 못했다는 사실을 우리는 알고 있다. 실제로 새로운 정치조직인 정당은 3·1운동 이후에 탄생한다. 19세기 말 고종 통치기라는 시공간의 한계를 우리는 뼈저리게 느낄 뿐이다. 유교적 세계관인 충(忠)이 양반계층은 물론 민초들에게도 상당히 뿌리내려 있었기 때문이다.

그렇지만 1919년 이후 동농은 조선민족대동단을 통해 신분·계급·성별·나이·이념의 차이를 모두 극복하며 일본 제국주의를 몰아내고자 했다. 그리고 그는 74세의 나이에 조직의 본부를 상하이로 옮기기 위해 대한민국임시정부로 망명하게 된다. 그는 과거의 시공간을 탈피해 미래를 향해 전진하는 시대를 상징할 만한 위인이라 볼 수 있다. 누구나 세상을 살아가면서 이상과 현실의 괴리와 차이를 고민한다. 그 벽 앞에 주저앉지 않고 미래지향적인 사회를 만들고자 노력하는 삶의 본보기로서, 동농의 일대기를 읽어주었으면 하는 바람으로 이 글을 쓴다.

목차

■ 머리말 _ 7
■ 서문 _ 11

■ 1장   고종의 서거 _ 19
■ 2장   3·1운동과 동농 _ 33
■ 3장   조선민족대동단 총재 김가진 _ 41
■ 4장   도산 안창호의 연결로 망명 _ 71
■ 5장   대한민국임시정부 고문 _ 83
■ 6장   북로군정서 고문 김가진의 서거 _ 105
■ 7장   '친고종 개화파 외교관'에서
        항일 독립운동가로 _ 119
■ 8장   갑오개혁과 광무개혁의 주역 _ 133
■ 9장   황해도관찰사 동농과 이승만 _ 145
■ 10장 충청남도관찰사 _ 153

- 11장 과거에 급제해 안동으로 돌아오다 _ **163**
- 12장 자주 자립을 위한 몸부림 _ **173**

- **결론**
  지하운동 조직의 선구 조선민족대동단 _ **183**

- **부록**
  1. 동농 김가진의 생애와 역사적 사건 일람 _ **205**
  2. 김의한이 1946년 10월 1일 제출한
     「청운동 가옥과 토지에 대한 소청 사유」_ **208**
  3. 조선민족대동단 서훈자 80여 명 명단 _ **212**
  4. 조선민족대동단 총재
     김가진 관련 판결문(발췌) _ **226**
  5. 동농 장례식 관련 자료 _ **247**
  6. 충남관찰사 김가진과 의병 타임라인(음력 기준) _ **250**

1장

고종의 서거

1장
고종의 서거

1919년 1월 21일 새벽 6시, 조선의 마지막 황제 고종이 승하했다. 고종의 죽음은 동농 김가진에게 엄청난 충격을 주었다. 동농 김가진은 일제의 온갖 수모와 굴욕에도 고종과 그에 대한 의리, 그 단 하나의 이유로 항일에 적극적으로 나서지 못했기 때문이다.

재위 기간 내내 고종은 '이중 플레이'로 일관했다. 아버지와 부인에게, 신료와 백성에게, 위정척사파와 개화파에게, 그리고 의병과 일제에 대해 그러했다. 그의 관심은 오직 자신의 자리였다.

자신의 아들과 일본제국주의의 왕실과의 혼인을 받아들일 수 없었지만, 현실에서는 어쩔 수 없는 상황을 통탄했을 것이다.

고종은 극도의 스트레스를 받았을 것이다. 그날 새벽 1시 반까지 눈을 붙이지 못하고 뒤척이던 고종은 목이 탄다며 식혜를 들이켰고,

급격하게 병세가 나빠졌다. 일제는 고종의 죽음에 쉬쉬했다. 영친왕과 마사코(이방자)의 결혼식이 1월 25일로 예정돼 있기 때문이었다. 일본은 고종의 사인을 뇌일혈로 발표했으나, 항간에는 식혜에 독이 들었다는 독살설이 퍼져나갔다.

1월 21일 고종이 승하했음에도 일제는 공식적인 발표를 미루다 사람들로부터 더 큰 의구심을 일으켰다. 독살설은 계속 확대되었다. 일제는 양국 왕실의 결혼식을 앞두고 독살을 했겠느냐는 반론을 제기했다. 어느 게 사실인지 아무도 정확히 모른다. 분명한 것은 조선의 민중이 이를 계기로 일제에 대해 항거의 불꽃을 일으켰다는 사실이다.[2]

고종의 승하 소식을 들은 동농 김가진은 한숨도 자지 못했다. 무엇을 해야 할 것인가, 나는 어떻게 살아왔는가, 잠을 이룰 수 없는 하룻밤, 너무나 많은 고민이 몰려왔다. 이제까지 모든 수모를 고종의 안위 때문에 인내해왔다고 스스로를 합리화해왔다. 일본의 악독함은 이미 명성황후를 무자비하게 살해한 것을 보고 잘 알고 있었다. 언제라도 말을 듣지 않으면 고종마저 시해하거나 독살할 수 있는 왜놈들이기에, 속마음을 드러낼 수 없었던 것이다.

지나온 삶이 주마등처럼 스쳐 지나갔다. 1894년 청일전쟁 와중에 고종이 일본군에 포위되어 있을 때 일본군의 포위망을 뚫고 고종을

---

[2] 고종독살설은 몇 달 뒤 동농이 총재를 맡아 조직한 조선민족대동단 사건 조사 과정에서 또 한 번 불거진다. 의친왕 망명 시도에 가담했던 이재호는 이렇게 진술했다. "덕수궁에서 이태왕(李太王; 고종) 전하의 훙거(薨去; 왕의 죽음) 때 직접 모셨던 민영달 및 의사 안상호(安商浩), 아울러 간호부를 데려와서 미국에 보내 이태왕 전하 독살사건의 증인으로 널리 알리려는 방책까지 준비해서 민영달과 교섭 중이었다."(「이재호 신문조서」, 1919년 11월 14일)

알현했던 장면을 떠올렸다. 그날도 동농은 뜬눈으로 밤을 보내고 집을 나섰다. 7월 23일 새벽, 경복궁은 일본군에 짓밟혔다. 일본군보다 훨씬 많은 청나라 군대는 한양에서 서로 맞붙자 힘없이 무너졌다. 김가진은 홀로 경복궁 앞 광화문에서 유창한 일본어로 "너희 지휘관이 누구냐!"고 외쳤다. 이윽고 동농은 서슬 퍼런 일본군의 총검에서 고종을 구출해냈다.

동농은 그를 크게 써준 고종에게 최선을 다했다. 앞서 1891년, 4년간 주일공사를 마치고 귀국한 날, 고종은 동농을 불러들여 일본의 입헌군주제와 군사에 대해 물었다. 또 동농으로부터 오스트리아와 조약을 맺는 일이나 다른 나라의 사정을 들으며 깊은 관심을 보였다.[3] 고종은 주위를 모두 물리치고 동농과 긴밀히 이야기를 나눴다. 너는 나의 대일본 창구이니, 항상 은인자중하라. 너의 입과 너의 얼굴, 표정은 모두 나를 대신하는 뜻이니….

김가진은 열강과 조약 체결 실무를 담당했다. 그는 조선이 다른 나라의 속국이 아닌 독립국임을 국제사회 외교무대에서 당당하게 표방하면서 외교관으로서의 자긍심을 드러냈다. 하지만 동시에, 동농은 자신이 고종의 대일창구이며, 일제가 자신을 통해 고종의 행보를 재단하고 있다는 사실을 알고 있었다. 김가진의 인격은 내면 깊숙이 감춰졌다. 그것이 고종의 충신이자 외교관인 자신의 숙명이었다.

고종의 명을 받아 중국 천진에 종사관으로 가서 청나라가 몰락하는 모습을 목격했다. 주일공사로 일하며 일본의 부국강병 현장도 지

---

3) 『승정원일기』, 고종 27년(1890) 1월 22일(계해)

켜보았다. 동농 김가진은 조선이 세 발 달린 솥의 다리처럼 아시아의 평화를 지키는 당당한 강국이 되기를 바랐다. 모두 일장춘몽이었지만 말이다.

동농의 뇌리에 고종에 이어 서재필의 얼굴이 떠올랐고, 자결한 민영환과 작위를 거부하고 음독 자결한 족형 김석진의 얼굴도 떠올랐다. 친척인 김옥균의 얼굴도 떠올랐다.

서재필은 갑신정변 때 가족이 몰살당하고 혈혈단신 미국으로 망명했다. 미국에서 신식교육을 마치고 고국으로 돌아온 서재필을 동농은 높이 샀다. 김가진은 미국이란 나라를 알고 싶었다. 독립협회 활동을 하며 서재필에게 들었던 미국의 대통령제와 언론(신문)의 자유도 생각났다.

동농은 일본에서 주일공사로 4년간 근무하면서 이미 익힌 일본어와 영어로 세계의 정세를 배우기 위해 노력했다. 동농은 주일공사로 가기 이전에 일본어와 중국어를 능숙하게 구사했다. 당시 조선에서 중국어는 조정 신료들에게 친숙한 언어였지만[4] 일본어는 아니었다. 조선의 사대부들은 중국을 받들었지만, 일본은 왜놈이라 하며 업신여겼기 때문이다. 그래서 일본어는 일본과 무역을 하는 극소수의 중인들이 익혔을 뿐이다.

동농은 고루한 사대부들과 달리 국제정세가 급격하게 변하는 시대 상황을 바라보고 중국어와 함께 일본어도 배워 유창하게 구사하게

---

4) 당시 양반들의 언어는 한문이었기 때문에, 중국어를 하지 못하더라도 필담을 나눌 수 있었다. 그렇지만 중국어는 대외관계를 관장하는 예조의 관리들에게는 매우 중요한 조건이었다.

되었다. 그뿐 아니라 영어에도 관심이 많았다. 영어를 구사할 수 있게 되면서 동농은 당시 세계 제일의 강국인 영국과 미국의 신문을 읽으며 급변하는 국제정세와 정보를 흡수했다.

이는 주일공사로서 임무를 수행하는 데 도움이 되었을 뿐 아니라 고종이 동농의 국제정세 보고를 신뢰하는 바탕이 되었다. 동농은 일본과 서양 열강의 움직임을 제대로 파악해서 보고하는 고종의 유일한 신하였다. 김가진이 서양 열강, 오스트리아나 러시아 등과의 조약 체결에서 핵심적인 역할을 맡을 수 있었던 것은 고종이 그의 능력과 충성심을 신뢰했기 때문이다.

주일조선공사 김가진은 일본 외무대신이나 이토 히로부미 같은 정계 고위인사들과 가깝게 지냈다. 그것은 고종의 밀명이기도 했다.

한편, 자본주의로 급속하게 이행하던 당시 일본에는 사회주의를 받아들인 학자들이 상당수 있었다. 김가진은 영미권의 신문을 탐독하고 일본 지식인들과 접촉하며, 영국·프랑스·독일의 사회주의를 알게 되었다.

고종이 서거할 당시 조선에서 해외 정보를 습득할 수 있는 창구는 지극히 제한적이었다. 1919년 1월, 독립신문은 이미 폐간된 지 오래였고, 동아일보나 조선일보는 아직 창간하기 전이었다. 조선총독부에서 발행하는 매일신보를 읽거나 갓 스무 살이 된 아들 김의한을 통해 돌아가는 이야기를 듣는 게 전부였다.

의한으로부터 일본 유학생들이 2월에 독립선언을 준비한다는 이야기를 들었다. 같은 달 만주의 독립운동가들이 독립선언을 했다는 소식도 들었다. 물론 우당 이회영 일가가 만주에 무관학교를 설립했다는 것도 듣고 있었다. 일가의 동생뻘 되는 김좌진이 함께 활동하고 있다는 사실도 알고 있었다.

상하이로 망명한 신규식, 안창호, 조완구 등에 대한 소식도 알 길이 없었다. 그들은 모두 대한협회에서 같이 일했던 이들이었다. 고종에게 진언해 무기징역에서 특사로 방면케 해주고, 여비를 주어 미국으로 보낸 이승만도 감감무소식이었다.[5]

고종의 죽음을 통해 동농 김가진은 새롭게 태어났다. 이제는 과거처럼 살지 않겠다는 내면의 작은 불씨가 가슴 깊숙한 곳에서부터 불붙었다.

별입시로 왕을 보필하기 시작한 1885년 이래, 동농 김가진은 고종이 정치적 위기에 몰릴 때마다 그를 지켰다. 1887년 최초의 해외상주 외교관으로서 자주외교의 밀명을 수행했고, 1894년 일본군의 경복궁 점령 때는 목숨을 걸고 수습책을 마련해 갑오개혁을 추진했다. 반면, 민씨들이 세도하거나 친러파, 친일파가 득세할 때면 그는 어김없이 조정에서 밀려났다. 그래도 동농 김가진의 고종에 대한 충성심은 변함이 없었다.

1904년 6월, 고종은 그를 궁내부 비원장(祕苑長)에 임명하고, 비원 중수(重修) 책임을 맡겼다. 러일전쟁이 터지고 나라의 운명이 백척간두에 선 판에 한가롭게 비원 공사를 벌인 임금도 한심하지만, 그 명을 받들어야 하는 신하의 심정은 오죽했을까. 김가진이 고종의 명

---

5) 손자인 김자동 선생에 의하면, 여비는 약 600원으로 알고 있다고 증언하고 있다. 600원은 현재 수천만 원에서 2억 원 정도로 생각된다. 앞서 서재필도 600원을 여비로 가지고 갔었다.

을 받아 비원 공사를 마치자, 고종은 수고했다며 현재 서울 경복궁 옆 종로구 청운동에 있는 만여 평의 땅을 하사하여 백운장이라는 집을 짓고 살게 하였다.

"동농은 백운장이 지어지기 전에는 조정 대신들 중 가장 보잘 것없는 초라한 집에서 살고 있었다. 고종황제가 중신으로 요직에 있으면서 이렇게 청렴하게 살고 있음을 기특하게 여겨, 1904년 동농이 비원장으로 비원 중수를 훌륭히 마치자, 공사를 감독하였던 오세창에게 남은 건축자재로 위창 감리 하에 백운장을 짓도록 명을 내렸다. 동농은 여러 차례 사양했을 뿐 아니라 들어가 사는 것도 주저하였으나, 황실의 권고에 따라 살게 되었다."[6]

1910년 강제병합 당시 조정구, 민영달, 한규설 등이 일제 작위를 거부했는데, 이들은 동농만큼 고종의 은혜를 입지는 않았다. 동농과 달리, 이들은 세도가 출신들이다.

작위를 거부한 이들은 음독 자결 순국한 동농의 족형제 김석진과 대동단에 가담한 민영달을 제외하면, 독립운동에 적극적이지 않았다. 오히려 순순히 작위를 받았던 김사준이 1915년 '조선보안법 위반 사건'으로 투옥돼 작위를 박탈당했다. 물론 수작자의 대다수는 작위를 가문의 영광으로 여기고 일제에 충성을 바쳤다.

---

6) 김위현, 『동농 김가진전』, 255쪽, 학민사, 2009

그러나 김가진은 그들과는 처음부터 결이 달랐다. 그가 작위를 거부하지 못한 이유는 고종의 생명과 안위를 마지막까지 지키기 위해서였다. '친고종 외교관 출신 대신'으로서 고종과의 군신 의리를 저버릴 수 없었기 때문이다. 이 사정을 누구보다 잘 아는 민영달은 동농이 대동단을 조직하자 흔쾌히 힘을 보탰다.

시일야방성대곡(是日也放聲大哭). 온 겨레가 목놓아 울던 1905년 을사늑약의 그 날, 동농 김가진은 충정공(忠正公) 민영환과 함께 자결을 상의했다. 하지만 이를 눈치 챈 가족들의 감시와 제지로 뜻을 이루지 못했다.[7] 죽지도 못하고 싸우지도 못하고…. 동농은 고종 곁을 떠나지 못했고, 이는 고종이 눈을 감는 순간까지 계속됐다.

동농은 일제가 주는 소위 은사금은 받지 않았을 뿐 아니라 받을 수도 없었다. 입에 풀칠조차 못 하는 동포들이 태반인데, 작위를 거부하지 못한 것이야 왕을 지키는 어쩔 수 없는 선택이라 해도, 돈까지 받는다는 건 대한제국 대신으로서 자존심이 절대 용납지 않았을 것이다.

은사금은 남작의 경우 채권 2만 5천 원의 이자 5푼을 1년에 2회 나눠 지급했다. 1910년에 은사금 이자 1,250원은 현재 화폐가치로 수억 원이다.[8] 작위 받은 사람들이 경제적으로 안락을 누리도록 하여 일제를 지지하게 만드는 이른바 매수공작이었다.

---

7) 정정화, 『장강일기』 28쪽, 학민사, 1998
8) 당시 화폐가치에 대한 계산은 편차가 클 수밖에 없는 것이 현실이다.

김가진은 일제의 매수공작에 동조하지 않았다.[9] 당연히 빈한하게 살 수밖에 없었다. 며느리 정정화는 이렇게 증언했다.

"내가 시집온 후 시댁은 생활 형편이 날로 영락해졌으며, 기미년에는 체부동의 작은 집으로 옮겼다. 시아버님은 그러한 형편에 있었으나 작위에 따라서 주어지는 연금은 끝내 받기를 거부하며 지냈다."[10]

헤이그 밀사 사건이 있기도 했거니와, 일제는 고종을 신뢰하지 않았다. 고종이 현명했든 우매했든 간에, 망국의 군주라는 존재는 침략자에게 있어 언제 터질지 모르는 폭탄이다. 영친왕과 마사코의 결혼은 뇌관을 제거하기 위한 정치적 책략이자, 소위 '내선일체'를 구체화하는 방안이었다.

일제는 김가진의 행동이나 말을 통해 고종을 판단했다. 사실상 김가진이 고종의 입이었다 해도 과언이 아니기 때문이다. 일제는 김가진은 더욱 믿지 않았다. 김가진은 강제병합으로 가는 길목에서 끊임없이 반대의 목소리를 냈다. 누구보다 이토 히로부미가 동농의 사람됨을 알고 있었다. 일제는 동농에 대한 사찰의 끈을 늦추지 않았고, 3·1운동이 일어나고 나서 대동단의 배후로 일찌감치 그를

---

9) 일제는 은사금 채권 이자를 수령할 때는 매번 반드시 본인의 인장을 찍어야 지급하도록 은사금 지급 규정을 정했다. 현재까지 김가진이 은사금 채권 이자를 수령했다는 증거는 어디에도 존재하지 않는다.
10) 정정화, 『장강일기』 31쪽, 학민사, 1998

지목했다 (3장 참고).

　1916년 4월, 난데없이 백운장 가옥과 대지가 강제집행을 당하고, 동농 일가는 퇴거명령을 받았다. 사유를 알아보니, 자가서생(自家書生, 집사)이 일본인이 경영하는 조선실업주식회사와 결탁해 동농의 인장을 도용, 당시 시가 8만 엔 가치의 가옥과 대지를 10분의 1도 안 되는 7천 엔에 저당 잡아 경매에 부쳤다는 것이었다.

　김가진은 경성지방법원에 소송을 제기했지만, 재판부는 전말이 뻔한 사기사건 심리를 질질 끌었고, 그러는 사이 백운장의 소유권은 1차 경락자를 거쳐 동양척식주식회사로 넘어갔다.[11] 그 시대에 이런 종류의 민사사건은 권력자의 말 한마디면 일사천리로 해결되는 게 상례다. 김가진이 아는 일제 유력인사가 어디 한둘이었겠는가. 그러나 김가진은 총독부에 손을 벌리지 않았다. 그 대가로 일제가 원하는 게 무엇인지 너무나 잘 알고 있었기 때문이다.

　동농 김가진이 친일을 했다면, 백운장의 소유권은 결코 동척으로 넘어가지 않았을 것이다. 예컨대 무솔리니가 파시스트에 저항하는 사람들의 가옥을 불태우는 만행을 저지른 것처럼, 자신에게 협력하지 않는 이들의 물적 기반을 없애는 건 제국주의자나 독재자들의 책략이다. 동농 김가진이 친일이 아니라 '친고종'의 자세를 고수하자 일제는 그의 경제적 기반을 없애기로 하고 김가진의 백운장 가옥과 토지를 **빼앗아** 동양척식주식회사로 넘기는 공작을 꾸민 것이 아닌지

---

11) 김가진의 장남 김의한이 1946년 10월 1일 사법부 소청국장에게 보낸 「청운동 가옥과 토지에 대한 소청 사유」

합리적 의심을 해볼 수 있다(부록2 참고).

일제는 동농 내면의 반일 의식을 간파하고 있었다. 이미 김가진은 1908년에 공개적으로 일본 잡지『신공론』에 반일 견해를 표명하여 일본인들로부터 미움을 받기 시작했다. 특히 주일공사를 지냈던, 자기들의 입장에 동조할거라 생각한 고위인사가 1905년 을사늑약과 통감정치에 대해 대한협회라는 대중조직을 이용해 반대의 기치를 높이 들었다는 이유 때문에 더 미움을 받게 되었다고 생각할 수 있다.

고종은 승하했다. 우리의 미래는 어때야 할까? 왕정은 아니다. 고종의 죽음으로 왕정은 끝난 것이다. 그렇다면 미국의 자유민주주의인가. 아니면 유럽의 사회민주주의인가. 우리 민족은 어떤 길을 가야 할지 고민하지 않을 수 없었다.

고민을 해결하기 위해서는 돌아가는 정세를 알아야 했다. 일본제국주의 압제를 어떻게 극복할 수 있을까. 우리는 어떤 길로 가야 할까. 구체적으로 어떻게 싸워야 할까. 고민은 끝없이 이어졌다. 어렴풋이 길이 보이기 시작했다. 생각만으로는 될 수 없었다. 혼자서는 아무 힘이 없다. 힘을 규합해야 한다.

새벽의 어스름이 밝아오고 동이 트기 시작했다. 아침 식탁에 아들 김의한을 불러 돌아가는 상황을 물어보기 시작했다. 이어서 백운장 소송과 관련, 정두화를 만나야겠다고 말했다. 재판에 관한 조언을 듣고자 한다는 것은 명분일 뿐, 사실은 정두화로부터 세상이 돌아가는 내용을 듣고 싶었기 때문이다. 정두화가 찾아오니 며느리 정정화는 아주 기뻐했다.

정두화는 정정화의 17년 연상 오빠다. 설에 정두화가 조용히 찾아왔다. 정두화는 상하이에서 얻은 정보를 김가진에게 자세히 보고했다. 상하이에는 일제의 탄압을 피해 독립운동가들이 속속 모여들었었다. 또 동농의 생일[12]을 앞두고 찾아온 정두화는 신규식을 만난 이야기도 들려주었다. 그리고 전협이란 사람을 자세히 소개했다. 정두화의 전언은 모두 독립운동에 연결된 것이었고, 동농은 자신도 결단해야 할 때가 왔다고 직감하고 있었다.

---

12) 동농은 1846년 음력 1월 29일에 태어났다. 1919년 그의 생일인 음력 1월 29일은 양력으로 3월 1일이다.

흰색 두루마기를 입은 동농 김가진(망명 이전)

2장

3·1운동과 동농

2장
3·1운동과 동농

"대한독립 만세!"

서울 종로 태화관에서 선언문을 낭독하고 탑골공원에서 시작한 대한독립 만세시위는 전국 방방곡곡으로 퍼져나갔다. 주로 장날에 모이는 사람들을 통해 저잣거리로 퍼져나갔고, 교회당과 천도교 회관, 사찰 등에 유인물이 뿌려지기 시작했다. 1919년 독립을 외친 만세시위는 약 1,500~1,800회, 참가자는 약 175만 명에 달했다.[13]

---

13) 3·1운동에 대한 통계는 학자 및 분석 주체의 견해가 달라 다소 차이가 있다. 박은식 선생의 저서 『한국독립운동지혈사(韓國獨立運動之血史)』에 따르면, 집회 수 1,542회, 참가자 202만 3,098명, 사망자 7,509명, 부상자 1만 5,961명, 체포된 사람 4만 6,948명으로 기록되어 있다(최우석, 「3·1운동, 그 기억의 탄생」, 『서울과 역사』 No.99, 90쪽 재인용, 2018). 국사편찬위원회에서는 1919년 3·1운동 100주년을 맞아 3·1운동 데이터베이스 사업을 진행한 결과 2019년 11월 30일 기준 집회 수 1,789건, 참가자 82~106만 명, 사망자 800~1,100여 명으로 데이터를 구축했다(최우석, 「3·1운동 참가자 수치에 대한 시론적 검토」, 『한국독립운동사연구』 7쪽, 2021).

전국적인 독립만세 시위에 일제는 당황했다. 그들은 곧바로 무력 탄압에 나섰다. 제암리 학살 만행[14]을 비롯해 일제는 무자비한 탄압을 시작했다. 평화적인 만세시위였음에도 일제는 총과 칼로 짓밟았다.

류관순 열사에 대한 일제의 만행은 지금 대한민국 국민이면 누구나 치를 떤다. 1902년생인 류관순 열사는 충남 천안 근처 병천면 용두리에서 태어나 이화학당에 재학 중 3·1운동이 일어나자 4월 1일 고향으로 돌아와 아우내 장터에서 독립만세 운동을 일으켰다. 공주 감옥에 수감된 후 그해 8월 서대문형무소로 이감되었고, 형무소에서 일제의 악랄한 고문으로 다음 해 1920년 9월 28일 순국했다. 그해 나이 18세였다. 어린 여성을 고문으로 죽인 일제의 만행에 분노하지 않을 사람이 있을까?

동농은 아들 김의한을 통해 만세시위와 탄압에 대해 들었다. 의한은 동농에게 민족대표 33인에 대해 자세하게 얘기했다. 민족대표 33인은 태화관에서 독립선언서를 낭독한 뒤, 탑골공원에 모여 있던 민중과 더불어 시위에 나서지 않고 종로경찰서에 자수했다. 의한은 이러한 사실을 흥분하며 전달했다. 동농은 묵묵히 듣고 있었다.

김의한의 동생이자 보성중학교에 다니던 용한도 시위에 참여했다. 3·1운동은 그날 동농 가족 저녁상의 화제였다. 망국의 가장 큰 책임을 져야 할 대한제국의 대신들이 몸을 사렸다는 점이 동농을 뼈아프게 했다. 결단을 내릴 사람은 동농밖에 없었다.

---

14) 1919년 4월 15일, 일본 군경들이 만세운동이 일어난 경기도 화성시 제암리에 와서 기독교인과 천도교인을 비롯 약 30명을 교회당에 몰아넣은 후 학살한 사건.

3·1독립만세운동은 국내뿐 아니라 해외에서도 주목했다. 해외 언론을 통해 일제의 폭력적인 탄압이 만천하에 드러났다. 일제는 한발 물러서는 척했지만, 김가진은 악독한 일제가 쉽게 굴복할 리 없다고 생각했다. 일제는 정책을 바꿀 것이라 예견했다. 실제로 그해 8월, 총독은 하세가와 요시미치(長谷川好道)에서 사이토 마코토(齋藤實)로 바뀌었다.

  이른바 무단통치에서 문화통치로의 변화였다. 이 변화로 조선인이 발간하는 언론도 용인하게 된다. 동아일보와 조선일보의 등장이다. 회사 설립을 허가제에서 신고제로 완화해 기업을 만들 수 있는 유화책도 제시했다. 일제는 한편으로는 강력한 탄압을, 다른 한편으로는 달콤한 유화책을 제시하는 강온 양면책을 쓰기 시작한 것이다.

  동농은 집까지 빼앗은 강도 일제와 타협할 마음은 추호도 없었다. 독립협회와 대한협회의 경험은 동농에게 소중했다. 조직 없이 싸우는 것은 한계가 있었기 때문이다. 동농은 누구보다 일본제국주의의 속성을 잘 알고 있었다. 무단통치 아래에서는 회사를 차릴 수도, 학교를 세울 수도, 신문을 만들 수도 없었다. 목숨을 건 투쟁과 지하조직만이 국내에서 할 수 있는 일이었다.

  동농은 지하조직을 만들기에 앞서 아들 김의한에게 신신당부했다. "경거망동하지 말라. 일제의 본질이 무엇인가를 잘 알아야 한다." 3·1독립만세운동이 일본제국주의의 마각을 드러나게 했다는 진실을 일깨워 준 것이다. 동농은 "일제와 싸우려면 지구전이 필요하다. 지하조직의 지구전이 필요하다." 등의 말로 젊은 의한을 일깨웠다.

의한은 당장 성명서를 내자고 주장했지만, 동농은 그렇게 해서 되는 일이 아니라고 타일렀다. "사람들을 규합해야 한다. 그리고 조직을 만들어야 한다. 함께 일할 사람을 찾아라."

동양에는 오랫동안 대동(大同)이라는 정신이 흘러왔다. 대동은 고서 『예기』에서 출발한 개념이다. 동양에서는 민중들 속에 대동계가 많이 만들어져 있었다. 대동계는 민중 결사의 시발점이었다. 무언가 결단할 때 동그라미를 그리고, 각자 이름을 쓰면서 이를 대동계라 부른 것이다. 이외에도 조선 후기 개혁가들은 대동법으로 제도를 개혁하려 했는데, 그들이 생각하는 이상사회를 대동(大同)으로 표현하였다. 단어의 뜻 대동(大同)은 평등주의를 넘어 이상사회 즉 '유토피아' 사회를 상징했다.

3·1운동은 각계각층 전국 방방곡곡에서의 운동이므로 춘추에서 말한 대동을 실현한 것이라고 동농은 생각했다. 이제는 떨쳐 일어날 때가 되었다. 몇 년이 걸리더라도 대를 이어서라도 싸워야 한다는 뜨거운 의지가 가슴 깊은 곳으로부터 벅차올랐다.

3월 말이 되자 정두화가 찾아와 새로운 움직임이 나타나고 있다고 말했다. 각 지역의 시위들은 일제의 잔학한 탄압으로 발전되지 못했지만, 중국 상하이에서 대한민국임시정부가 만들어진다는 이야기도 들려줬다. 정두화는 신규식과 절친한 사이였다. 그가 전하는 해외의 소식은 주로 신규식을 통한 것이었다. 정두화는 전협, 최익환과도 이미 뜻을 함께하고 있었다.[15] 신규식에게 전협을 소개한 사람도 정두

---

15) 전협은 1878년생, 정두화는 1882년생, 최익환은 1889년생으로 서로 나이 차가 있었다.

화였다.

정두화는 동농에게 3·1항쟁 이후의 국내외 정세를 설명하면서 전협을 재차 거론했다. 동농은 농상공부 주사와 부평군수를 지낸 전협을 이미 알고 있었다. 정두화는 1918년 11월 김봉양의 소개로 전협을 만났다.[16] 그 만남에서 전협은 이렇게 말했다.

"중국에 있는 많은 토지를 개간하여 조선에 있는 생활이 곤란한 사람들을 이주시킬 목적입니다. 조선에서는 일본인과의 경쟁도 심하여 같은 자본을 가지고도 일본인에게는 대항할 수가 없으므로 생활이 곤란한 사람은 그곳으로 이주시킬 생각입니다. 그곳에는 이동휘(李東輝)라고 하는 사람도 거주하며 조선을 위해 진력하고 있습니다."

전협은 김봉양과 정두화를 통해서 수천여 원을 빌렸다.[17] 전협은 그 돈으로 평소에 잘 알고 있던 최익환과 함께 상하이로 가 여러 사람을 만났다. 그리고 그곳에서 국제정세, 파리강화회의에 관한 이야기도 들었다. 전협 일행은 1919년 2월 귀국하여 다시 정두화를 만났고, 상하이 이야기를 들려주었다. 그리고 이들은 지하조직을 결단한 김가진의 체부동 셋집으로 모였다.

---

16) 한국사데이터베이스 한민족독립운동사자료집 5권 「大同團事件Ⅰ 警務總監部·警察署 調書 全協 신문조서(제1회)」.
17) 신문조서에서는 전협이 사업이나 천도교의 포교 등을 목적으로 돈을 빌려갔다고 했으나, 빌린 이후에 그는 상해로 갔다(한국사데이터베이스 한민족독립운동사자료집 5권 「大同團事件Ⅰ 警務總監部·警察署 調書 鄭斗和 신문조서(제2회)」).

3·1만세운동 당시 덕수궁 앞의 시위대열

3장

조선민족대동단 총재 김가진

3장
조선민족대동단 총재 김가진

동농은 한일강제병합 이전인 1909년 6월 『신공론』이라는 일본 잡지에 대한협회 회장 이름으로 '한국인이 일본인을 배척하는 3가지 이유'를 대며 강한 반일 의지를 보였다. 그 세 가지 이유는 다음과 같다.

1. 일본의 상인 역부(役夫) 등이 우리나라 사람을 경모(輕侮)하고 거의 견마시(犬馬視)하여 감히 방약무인하게 행동하는 것에 분개하여 마침내 일본제국 전체에 대해서까지 증오의 마음을 격생(激生)하기에 이르렀다.
2. 일본인의 내주(來住)가 날로 증가하고 기업행상(起業行商)이 월별로 성대(盛大)하고 있다. 이를 보고 혹시 아종족(我

種族)의 멸망을 우려하고 아국가(我國家)의 전도를 비관한 나머지 일본인 전체를 혐시(嫌視)하기에 이르렀다.
3. 정치 방면에서 일한 당초의 조약은 상호 대등하다고 하였으나 일본은 자기의 강대(強大)를 믿고 각종 구실을 만들어 점차 압제하여 결국 5개조의 신조약과 7개조의 최신 조약을 체결함으로써 우리나라를 병탄할 소지를 보이고 있다. 정말로 4천년의 구국(舊國), 3천리 강토, 더욱이 2천만의 민중이 일석일조(一夕一朝)에 왜인(倭人)의 신복(臣僕)이 되는 것을 감수(甘受)하는 것은 아닌가라고 격어(激語)하기에 이르렀다.[18]

『신공론』은 한국인이 일본을 배척한 이유를 동농의 발언을 인용하여 소개하고 있다. 동농은 일본인 상인의 방약무인한 행동, 일본인의 급격한 증가에 따른 조선인의 위기감, 일본이 강요한 각종 조약은 결국 병탄으로 이어진다는 것을 지적했다.

이 글이 쓰인 1909년은 일제가 강제병합을 마음먹고 준비하던 때였다. 일제는 1909년 9월부터 두 달 동안 '남한대토벌작전'이라 명명한 군사작전을 펼쳐 의병의 씨를 말리는 악독하기 그지없는 살육전을 자행했다.

한 해 전, 동농은 이토 히로부미에게 보내는 시 한 수를 잡지에 기고했다. 이 시는 동농의 이른바 '친일 증거'로 알려져 독립유공자 서

---

[18] 김가진, 「한국인이 일본인을 배척한 3대 이유」, 『신공론(新公論)』, 1909

훈을 가로막기도 했는데, 사실 이 시는 20년 전 동농이 주일 조선공사로 외교 활동을 펼칠 때 이토와 주고받았던 시담(詩談)을 상기시킨 것이었다.

1889년 봄, 동농 김가진은 당시 일본 체신대신 에노모토 다케아키의 별장에 초대받았다. 에노모토 다케아키는 2년 뒤에는 아오키 슈조의 후임으로 외무대신을 맡게 되는 일본 정계 실력자 중 한 사람이었다. 이 자리에는 이토 히로부미와 청국공사 리수창(黎庶昌)도 어울렸다.

동농 김가진은 고종으로부터 일본 정부의 사정을 소상히 보고하고 일본주재 각국 사절들과 친밀하게 교유하라는 지시를 이미 받고 있었다. 일본은 갑신정변(1884)을 막후에서 지원해 조선에 대한 영향력을 높이려다 실패한 뒤 이를 갈고 있었다. 청일전쟁(1894)이 일어나기 5년 전이었다.

이토는 동농이 시인이며 서예가라는 사실을 잘 알고 있었던 듯, 시로 조선공사와 청국공사의 속마음을 떠보려 했다.

解紛不用干戈力(해분불용간과력)
談笑之間又證盟(담소지간우증맹)
一片歸帆風浪靜(일편귀범풍랑정)
載將春色入京城(대장춘색입경성)

갈등을 푸는 데 방패와 창의 힘은 필요가 없다네
웃으며 대화하는 사이 또다시 동맹임을 확인했다네

한조각 돛배로 돌아가니 풍랑이 고요하네
경성으로 들어갈 때는 봄빛을 싣고 가겠구려

갈등 해결에 무력은 필요없다…. 그것은 조선이 바라던 바였다. 그러나 정치인의 말은 대체로 믿을 게 못 된다. '경성으로 들어갈 때는 봄빛을 싣고 가겠구려'라고 뇌까리지 않는가. 동농은 이 기회에 일본 유력 정치인의 야심에 아예 못을 박아놔야겠다고 마음먹었다. 동농은 엄하고 매서운 필치로 즉석에서 답시를 썼다.

山河共在齒唇勢(산하공재치순세)
玉帛彌敦金石盟(옥백미돈금석맹)
無限亞洲春色好(무한아주춘색호)
倚君一語作長城(의군일어작장성)

산과 물은 함께 순망치한의 형세에 있으니
옥과 비단(국가간의 예물을 상징)의 국가 우정은 금석 같은 맹세로 두텁구나
끝없는 아시아의 봄빛이 좋으니
그대 한 말씀에 의지하여 만리장성을 쌓으리라

장성(長城)은 사직과 백성 수호의 대명사다. 무력을 쓰지 않겠다는 사설은 고마우나, 장부일언중천금이니 조선 국왕의 대리인 나를 희롱하지 말고 약속을 지키라는 다짐이었다. 청국공사 리수창은 일본

이 자기들 상대가 되지 않는다고 믿었음인지, 입꼬리에 엷은 미소만 띤 채 그저 지켜보고 있을 뿐이었다. 동농은 리수창에게도 시 한 수를 써서 보여주었다.

　　漫言佳會爲看花(만언가회위간화)
　　春風春雨任橫射(춘풍춘우임횡사)
　　自是主人款吾輩(자시주인관오배)
　　酷愛亞洲如一家(혹애아주여일가)
　　是日天雨而盡歡(시일천우이진환)

　　꽃을 보는 아름다운 자리에 말이 만발하니
　　봄바람과 봄비가 제 맘껏 흐드러지네
　　주인이 우리를 성심으로 대해주니
　　아시아를 한 가족처럼 아끼고 사랑하세
　　오늘 내린 비가 기쁨을 더하리니

김가진은 '아시아는 한 가족'이라고 읊었다. 조선을 놓고 으르렁대지 말고 조선-청국-일본 세 나라가 합심해 서세동점에 맞설 지혜를 짜보자는 뜻이었다. 이는 외교관으로서 그의 평소 지론이기도 했다.

동농 김가진은 청국공사관으로 와서 부임 신고를 하라는 리수창의 요구에 1년 동안 응하지 않았고, 리수창의 후임 왕펑자오(汪鳳藻)가 어느 연회에서 "동양의 독립국은 청국과 일본뿐"이라고 흰소리를 늘어놓자, 대뜸 일어나 "조선은 오랜 역사와 사직을 지닌 독립국이다.

누가 황탄무계(荒誕無稽)하게 우리를 욕하고 타국에 예속되었다고 하는가!"라며 맞받아치기도 했다.

다음 해 김가진은 일본 외무대신 아오키 슈조와 이른바 '동양 3국 연대론'을 논하는 자리에서, 이렇게 말한 적도 있다. "아시아에서 조선은 정(鼎, 세 발 달린 솥)의 한쪽 발과 같다. 만일 솥에 발 하나가 빠지면 두 발이 있을지라도 이내 솥은 넘어가고 만다." 역사는 동농의 경고 그대로 흘러갔다. 조선이 무너지자 중국은 열강의 반식민지로 전락했고, 우쭐한 일제는 중일전쟁에 이어 태평양전쟁을 일으켜 결국 패망하고 만다.

에노모토 다케아키의 별장에서 시담을 주고받던 동농 김가진과 이토 히로부미는 20년 뒤, 조선에서 대한협회 회장과 통감의 관계로 다시 만났다. 동농 김가진은 자신이 그토록 지키고자 했던 고종을 퇴위시킨 이토 히로부미에게 시 한 수를 보낸다.[19]

赫赫勳名盖世英(혁혁훈명개세영)
前身應是富山精(전신응시부사정)
手除覇氣驅雲散(수제패기구운산)
力奮皇威捲海淸(역분황위권해청)

세상을 뒤엎을 만큼 공훈과 명성을 떨치셨구려

---

19) 해당 시의 번역은 아주경제 이상국 논설위원장의 기사를 인용함(「동농 김가진이 이토 히로부미를 조롱한 생일 축하시의 비밀」, 『아주경제』, 2019.2.13)

전생에 아마도 후지산 정기라도 받았나 보오
손으로 힘 좀 쓰는 놈들 다 없애고 구름처럼 흩어지게 했구려
힘으로 황제의 위엄을 떨쳐 바다 넘어 청나라까지 쥐었구려

大局籌深東亞勢(대국주심동아세)
隣邦義重赤關盟(연방의중적관맹)
賀公六十七年壽(하공육십칠년수)
老圃黃花月正盈(노포황화월정영)

통 크게 동아시아 세력을 깊숙이 들여다보고
이웃나라 의리 중하여 청일조약 맺었구려
선생이 67세 되신 것을 축하합니다
묵은 밭에 국화가 피니 달이 꽉 찼습니다

김가진은 이토 히로부미에게 묻고 있다. 20년 전 그 자리에서 그대는 평화를 맹세하더니 지금은 병탄을 획책하는가? 고종이 살아있는 한 그는 고종의 신하이고, 대한제국의 외교관이었다. 김가진은 시라는 풍자 수단을 이용해 이토 히로부미에게 대한제국 병탄 야욕을 그만 멈추라고 요구한 것이다.

외교관의 웃음 뒤에는 칼이 숨겨져 있는 법이다. 동농의 이 시는 외교관의 언어 예법을 벗어나지 않는, 외교관만이 구사할 수 있는 미소 속에 숨겨진 칼이었다. 어쩌면 헤이그 밀사 사건으로 강제 퇴위당한 고종이 동농에게 이토의 마지막 속셈을 떠보라고 지시했을지도 모른

다. 시작(詩作)이나 서예로 멋 내기를 좋아했던 이토 히로부미였지만, 동농 김가진의 시에 대해서만큼은 일언반구 대꾸도 하지 못했다.

이 시가 '친일시'였다면 바로 다음 해 일본 잡지 『신공론』에 일본의 병탄 야욕을 꾸짖는 글을 기고할 리도 없었겠거니와, 이토의 반감을 사는 언사는 꺼내지도 않았을 것이다.

일제는 김가진이 친일을 거부하고 병합을 막으려 애쓴 사실을 익히 알고 있었다. 조선귀족령은 소위 "합방에 공이 있는 자"만이 아니라 조선의 왕족과 전현직 대신에게도 작위를 주도록 규정했다. "합방에 공이 있는 자"에게는 훈위(勳位)를 함께 주었는데, 김가진에게는 주지 않았다. 그의 이름은 중추원은 물론 수천 명의 조선인이 받은 한국병합기념장이나 대정대례기념장 명단에서도 제외됐다.

당시 동농의 심정을 보여주는 기록이 있다. 반민특위 위원장 김상덕 선생의 1946년 『조선독립운동사』 제4장 '김가진과 대동단'의 한 대목이다.

> "합병 당시에 대한협회 고문으로 있을 때다. 합병에 반대하였으나 세가 불리하여 한일이 합병되자 하릴없이 집에 누웠는데 난데없는 남작을 가지고 일본 정부에서 왔다. …… 북받쳐 오르는 울분 하루가 한때가 편치 아니했다."

1914년 김가진은 105인 사건에 관한 혐의로 두세 차례 취조를 당한 적이 있다고 아들 김의한은 진술하고 있다. 105인 사건은 1911~1912년에 일제가 총독 암살 기도를 빌미로 조작하여 105명 등을 재판에 넘긴 사건이다. 황해도관찰사를 했던 김가진은 105인 사건의 중심인 안창호 등과 친밀한 관계를 맺고 있었기 때문에 계속 주시의 대상이었다. 일제는 사건의 참고인으로 불렀던 것으로 추정된다(부록2 참고). 일제 치하에서는 물론, 독재 정권 아래에서도 불령선인(不逞鮮人, 일제가 자기네 말을 따르지 않는 조선인을 이르던 말)이나 민주화운동인사 등 한 번 낙인찍힌 사람들은 주요 사건이 벌어지면, 경찰 등 수사기관에 끌려가 참고인 진술 등을 받게 된다. 그런 기록은 거의 남아있지 않지만 수사기관에 불려가는 것 자체가 공포이다. 김가진을 함부로 체포하지는 않았지만, 105인 사건으로 조사한 것을 보면 백운장이 조선실업주식회사라는 일본 회사를 거쳐 결국 동양척식주식회사로 넘어간 것은 반일에 대한 후과라고 여겨진다. 그래서 김가진은 백운장 사건을 자신에 대한 정치공작이라고 받아들였다.[20] 재판은 3·1운동이 일어날 때까지도 진행 중이었고, 동농의 망명으로 종결된다. 백운장 사건이 의미하는 바는 무엇일까. 당시 시가 8만 엔, 현재 시세로 수천억 원이 넘을 땅을, 총독부에 머리 한 번만 조아리면 되찾을 수 있었을 그 막대한 재산을 내던지고 동농은 망명을 결행한 것이다.

'친일파'라면 이런 선택을 할 수 있을까. 그들에게 재산이란 목숨이나 진배없다. 그래서 일제가 은사금을 준 것 아니겠는가. 동농 김가진은 재산을 되찾고 싶으면 협조하라는 일제의 공작에 굴하지 않았

---

20) 김가진 장남 김의한이 1946년 10월 1일 사법부 소청국장에게 보낸 「청운동 가옥과 토지에 대한 소청 사유」 참고

다. 대신 때 입던 대례복(大禮服)을 팔아 끼니를 잇는 신세가 되었어도, 동농은 지조를 굽히지 않았다.[21]

백운장 사건은 김가진이 1910년 한일강제병합 이후에도 반일 의지를 꺾지 않았다는 의심할 여지없는 확실한 증거다.

1909년 이후 1910년대 내내 일제의 보이지 않는 압박을 받아온 동농은 고종의 서거와 3·1운동을 계기로 결단하게 된다. 바로 조선민족대동단 총재로 취임하고 이 조직을 지휘하며 적극적인 항일 투사로 한 단계 도약한 것이다.

3·1운동은 대동단 결성의 직접적 계기였다. 독립운동에는 여러 가지 길이 있지만, 김가진을 중심으로 전협, 최익환 등은 지하조직을 구성하기로 결의했다. 단, 동농은 나이가 74세이고, 사회적으로 이른바 정치적 거물이었다. 이러한 사정 때문에 조직 운영은 전협, 홍보 및 선전은 최익환이 맡아 조직을 결성하였다.

전협은 비밀리에 정두화를 통하여 김가진과 연락을 취하고 있었다. 만약 지하조직이 발각되더라도 자기 선에서 끊어야 했기 때문이다. 적어도 동농이 고난을 겪지는 않도록 하자는 게 전협의 생각이었다. 전협은 이미 일제하에서 감옥을 3년간 살고 나온 사람으로 감옥의 생리를 잘 알고 있었다. 지하조직은 발각되면 바로 감옥행이거나 죽음이다.

---

[21] 1918년 5월 3일 김가진은 처가인 예산에 내려가 있는 아들 김의한(金毅漢)에게 이런 편지를 보냈다. "조선 대례복을 맡긴 전당표가 어디에 있느냐? 오늘 원매인이 있다. 사려는 전당표가 있어 매우 급하니, 올려 보내어 이 원매인을 놓치지 않도록 하여라. 이 편지를 보는 즉시 올려 보내라."(김위현, 『동농 김가진전』, 296쪽, 학민사, 2009)

김가진도 전협도 신중할 수밖에 없었다. 활동에 관한 구체적인 사항은 전협과 정두화를 통해 듣고 있었다. 여러 차례 소모임이 만들어지고, 활발하게 결의가 이뤄졌다.

김가진과 전협 등은 비폭력을 내세운 3·1운동이 일제의 총칼과 군화 밑에서 처참하게 진압된 사실을 잘 알고 있었다. 그래서 대동단을 지하조직 중에서도 가장 힘든 점조직으로 운영하고자 하였다. 점조직은 비밀을 기본으로 하고 감옥은 물론 죽음을 각오하는 조직 형태다.

가장 중요한 것은 조직의 명칭, 대표자, 강령이었다. 명칭을 조선민족대동단으로 결정하고, 총재 김가진과 단장 전협을 중심으로 꾸렸다. 그리고 강령을 세 가지로 정했다.

1. 조선의 영원한 독립을 완성할 것
1. 세계 영원의 평화를 확보할 것
1. 사회의 자유발전을 널리(廣博)할 것

조선 건국 4252년 5월 20일
조선민족대동단

그해 9월 「대동단 임시규칙」에 올라온 강령은 자유에서 사회주의로 발전, 평등과 공정을 더 강조하게 된다.

제2장 취지의 강령
제3조 본단은 조선의 영원한 독립을 공고케 한다.
제4조 본단은 세계의 영원한 평화를 확보한다.

> *제5조 본단은 사회주의를 철저적으로 실행한다.* [22]

　무릇 지하조직이란, 참여하는 모든 구성원의 결단(감옥, 고문, 죽음, 비밀엄수)이 기본이다. 조선민족대동단은 혹독한 일제 치하에서 조직된 단체였다. 더욱 결단이 요청됐다. 재판기록에서 대동단 단원들이 스스로 지하 점조직이라고 말했을 정도로 조직을 은밀히 만들었다. 함께 모여서 조직을 만드는 것은 불가능했다.

　조직원이 검거될 때 수사기관은 항상 고문을 통해 상부선을 대라고 한다. 함께한 조직원의 이름을 불라고 혹독한 고문을 하는 것은 과거나 지난 일본제국주의 압제에서는 물론, 친일 청산이 제대로 되지 않았던 대한민국의 독재정권 아래에서 자행되던 일이었다.

　그래서 지하조직을 하는 사람들은 주소록이나 사진조차도 지니지 않는다. 지하 점조직은 소모임조차도 극히 예외적으로 만든다. 점조직은 단선조직이고, 구성원들은 대체로 가명을 쓰기도 한다. 그래서 강령이나 선언 및 중요문건들도 극히 소수, 조직의 대표(총재나 단장)나 한정적인 사람들만 가지고 있는 것도 현실이었다.

　조직의 장(대동단의 경우 총재)은 붙들릴 경우, 변절하지 않으면 사형 또는 무기징역이 일반적이었다. 이른바 조직의 두 번째 책임자(대동단의 경우 단장)는 장기 징역형(보통 무기징역 또는 7년 이상의 징역)을 받게 되는 것이 보통이었다. 현재 한국에서도 국가보안법상 반국가단체의 장에게는 사형 또는 무기징역, 핵심 간부는 사형, 무기징

---

22) 신복룡, 『대동단실기』 110쪽, 선인, 2014

역 또는 5년 이상의 징역을 선고한다.

일제하의 치안유지법은 독재 시절 대한민국의 국가보안법보다 더 지독하고 악독한 법이었다. 고문은 더 심했다. 조선민족대동단의 2인자인 단장 전협은 8년형을 받고 7년 복역 중 병보석으로 풀려나 고문 후유증으로 사망했다.

대체로 지하 조직원들이 체포되어 취조를 받을 때는 수사관들에게 진실을 말하지 않는다. 대신 자신이 주장하는 바, 예컨대 왜 지하조직을 만들었는지, 강령(대동단의 경우 독립·평화·자유)이나 행위(독립운동 등)의 정당성을 재판 과정에서 당당히 말할 뿐이다. 동료의 이름이나 구체적인 조직의 구성 등의 내용은 대개 함구하거나 사실과 다르게 진술하는 것이 일반적이었다. 이러한 측면에서 일본의 수사 및 재판기록은 실제와 다를 수 있으므로 잘 유념해서 봐야 한다.

이른바 3인자인 최익환의 경우 인쇄시설을 설치하고, 선전문과 포고문을 인쇄해 두 차례의 독립만세시위를 기획했으나 일제에 발각, 체포되어 6년 형을 선고받았다. 혹독한 고문 속에서도 최익환은 상부선인 전협이나 총재 김가진에 대해 발설하지 않았다. 최익환은 사실상 옥중 투쟁을 영웅적으로 했다고 볼 수 있다. 모진 고문 속에서도 조직의 상부선을 대지 않는 것은 참으로 힘든 일이었다. 겪어보지 않은 사람은 그 상황을 상상조차 하기 어렵다.

그러므로 수사기관, 특히 일제하에서의 수사기록은 단지 참고사항일 뿐이다. 법정에서 독립운동가들은 대의에 대해서는 당당하게 얘기했지만, 법정에서 인적 관계나 자금 수수 관계는 가능한 한 대지 않으려고 노력했다. 그래서 일제나 독재정권은 심한 고문을 저지른 것이다. 처음 조선민족대동단을 결성할 때 자금은 주로 정두화에게서 나왔다. 정두화는 전협을 통해 자금을 제공한 것으로 알려져 있다.[23) 24)]

대동단은 3·1운동을 계승·발전시키기로 하고, 지하에서 유인물 제작 및 배포에 주력하였다. 유인물을 만들려면 장소(비밀 가옥)와 기계(인쇄시설)가 있어야 했다. 이 자금을 정두화를 통해 충당하거나[25)] 전협이 소유하던 봉익동의 가옥을 매각한 대금으로 운영했지만,[26)] 말기에는 권태석[27)]이 600원의 자금을 제공했다고 알려져 있다.[28)]

정두화는 대동단에 자금을 제공했으나 면제(면소), 방면되었다.[29)]

---

23) 제공한 자금의 금액에 대해 『장강일기』에서는 3만 원, 『대동단실기』에서는 7,100원으로 기술하였다. 지하조직이기 때문에 정확한 액수를 확인하기 어렵지만, 정두화가 제공한 금액이 대동단 결성과 활동에 결정적이었다는 것은 확실하다. 『장강일기』에 정두화가 대동단의 재정부장을 맡았다고 기술되어 있는 점에서 그가 조직 자금의 주요 제공자였을 것으로 보인다(정정화, 『장강일기』 38쪽, 학민사, 1998 ; 신복룡, 『대동단실기』 84쪽, 선인, 2014)
24) 일제도 대동단의 주요 자금원이 정두화인 사실을 알고 있어 이후 대동단원들을 체포하여 심문하는 과정에서 자금원으로 정두화를 상정하고 심문하였다(「韓民族獨立運動史資料集 5권 大同團事件 I · 警務總監部 · 警察署 調書 全協 신문조서」, 「韓民族獨立運動史資料集 5권 大同團事件 I · 警務總監部 · 警察署 調書 李達河 신문조서」, 「韓民族獨立運動史資料集 5권 大同團事件 I · 警務總監部 · 警察署 調書 李海元 신문조서」, 「韓民族獨立運動史資料集 5권 大同團事件 I · 警務總監部 · 警察署 調書 楊楨 신문조서」, 「韓民族獨立運動史資料集 5권 大同團事件 I · 警務總監部 · 警察署 調書 具宗書 신문조서」, 「韓民族獨立運動史資料集 5권 大同團事件 I · 警務總監部 · 警察署 調書 鄭龍和 신문조서」 참조).
25) 「韓民族獨立運動史資料集 5권 大同團事件 I · 警務總監部 · 警察署 調書 鄭斗和 신문조서(제2회)」
26) 「韓民族獨立運動史資料集 5권 大同團事件 I · 警務總監部 · 警察署 調書 全協 신문조서(제4회)」
27) 권태석은 규장각 부제학을 지낸 권중은의 아들로, 보부상에 관계하여 중국을 왕래했다. 그러던 중 1916년 최익환과 친분을 쌓고 대동단에 참여해 인쇄물 제작, 자금 출자 등의 활약을 보였다. 그러다 5월 최익환과 함께 일제에 체포되어 옥고를 치르고, 이후 최익환과 함께 사회주의운동을 펴기도 했다.(장석흥, 「조선민족대동단 연구」, 『한국독립운동사연구』 3 10쪽, 1989)
28) 「韓民族獨立運動史資料集 5권 大同團事件 I · 警務總監部 · 警察署 調書 權泰錫 신문조서(제1회)」
29) 「韓民族獨立運動史資料集 6권 大同團事件 II · 豫審掛判事訊問調書 竟見書」

정두화의 출신성분 때문이었다. 정두화는 민족자본이 설립한 호서은행[30]의 취체역(이사)이었지만, 일제가 남작 작위를 수여했던 정주영이 부친이었다. 일제는 정두화의 대동단에 대한 자금지원을 순수한 금전거래로 속아주었다.

일제는 왜 이런 결정을 하였을까? 조선 귀족의 아들이 독립운동에 관계되는 것을 원치 않았기 때문이다. 일본이 그때까지 조선을 집어삼킨 논리, 즉 조선 황제와 그 귀족들이 스스로 일본에 합방을 요구하여 일본이 조선을 합병한 것이라는 논리에 반하기 때문이다.

정두화는 재산을 독립운동에 헌납했고, 대동단의 주역이었다. 그러나 그는 일제의 위와 같은 고등술책으로 현재까지 친일 인사라는 오명을 쓰고 있다.

1919년 5월 20일 1차 강령을 만들어 선포한 날, 조직은 실질적으로 결성되었다. 사실 지하조직이 두 달 반 정도의 준비과정으로 조직된 것은 대단한 일이다. 그렇기에 철저하게 준비되었다고 보기 어렵다. 특히 3·1운동이라는 거족적인 항거 분위기 속에서 조직의 당사자들이 조급했다고 후세의 역사가들이 평가할 수도 있겠다.

대동단은 5월 20일 지하조직으로써 선언서와 3대 강령, 결의문, 그리고 조직의 체계를 만들었다. 대동단은 조직의 방략(方略, 일을 도모하기 위한 전략과 실행 방도)을 다음과 같이 설명했다.

---

30) "1913년 5월 충남 예산에서 설립됐다. 일제강점기에 순수한 민족자본으로 설립한 유일한 지방은행이었고, 일제의 민족자본 억제책에 의해 1930년 한성은행과 합병·폐점 당했다."(두산백과) 정정화의 친정은 예산이다.

■ 방략

정면 방침과 이면 책략으로 분리하여, 정면 방침은 평화와 선량을 기초로 하고 이면 책략은 저들의 완악(頑惡)하고 불성(不誠)함에 대응하기 위하여 부득이 비밀로 한다.

1. 전 민족을 통일하고 고유의 일정(一定) 세력을 부식(扶植)하여 외래의 세력에 의존하지 않을 것.

(1) 단조(檀祖)가 창업한 조선의 일대 교육을 보급하고 세계의 새로운 추세와 일치하여 문명된 행동을 주로 하는 정신력을 실현할 것. 국민 각개의 취미와 정경(情景)의 집합인 각 단체의 표적을 보중(保重)하고 건전·충량(忠良)한 단체를 수립할 것.

(2) 국민 행위의 주뇌(主腦)이며 신경선(神經線)·이목·수족 등이 되는 비밀 기관을 설치할 것.

(3) 국민사교동맹(國民社交同盟)을 형성하고 적에 대한 사교 관계를 폐지할 것. 단 개인에 대하여는 은혜와 위엄(恩威)을 함께 베풀 것.

(4) 국민경제동맹(國民經濟同盟)을 형성하여 유무상통하고 수화상제(水火相濟)한다. 또 적에 대하여는 경제 관계를 중지하고 금전의 대차, 물질의 수요, 식료·원료·노력 기타 일체의 공급을 단절할 것.

2. 열국의 교의(教義)를 두루 살피고(通覽) 이웃 나라들과는 우

의를 맺어 – 적을 고립의 궁지에 떨어뜨릴 것.
(1) 적의 세계적 침략 음모를 저지·공격하고 인류 공동의 정의·인도와 평등·자유를 실행·확장하여 열국의 동정과 원조를 얻을 것.
(2) 미국의 도의적 방침과 경제적 발전에 상호 순응하여 진출할 것.
(3) 중화민국과 순치(脣齒)의 우의를 맺고 공수 동맹을 맺을 것.

3. 일본 인민으로 하여금 정의와 인도를 자각시키고 비인도적인 정부를 타파·개조하여 우방으로서의 신교(新交)를 출현시킬 것.
(1) 일본을 외교적으로 고립시킴으로써 일본 민중의 여론을 파열시킬 것.
(2) 경제적 궁곤(窮困), 특히 식량·원료와 조선에 있는 경제적 시설을 파괴함으로써 질서를 교란시킬 것.
(3) 비인도적인 정부 발호(跋扈)를 막을 수 있도록 사회 폭발의 대전복·대개혁을 실행할 것.

조선 건국 4252년 4월
조선민족대동단 [31]

방략에서 대동단이 날짜를 서기 대신 조선 건국 즉, 단기로 정한 것

---

31) 신복룡, 『대동단실기』 74~75쪽, 선인, 2014.

은 조선의 역사가 단군 조선부터 시작했다는 의미로 민족 주체를 강조한 것이다.

대동단은 지방조직은 물론 종교단, 교육단, 유림단, 승신단, 군인, 상공단, 청년단, 노동단을 만들어 조직체계를 갖추기 시작했다. 종교단에는 백초월 같은 명망 높은 고승도 포함되어 있었다.[32] 독립운동에 적극적인 각계각층의 사람들이 모인 것이다. 그 기관의 구성은 다음과 같다.

■ *기관(機關)*

중견 기관과 부설 기관으로 양분한다. 중견 기관은 영구히 존치하고, 부설 기관은 시국과 사무에 따라 수시로 존폐한다.

1. 중견 기관은 중앙 추기(樞機)를 맡으며, 아래와 같이 6부로 나눈다.
   (1) 통재부(統宰部) : 국내 일체의 사무를 총람한다.
   (2) 추밀부(樞密部) : 통재부를 보익(輔翼)하고 각부를 지도하며 운용과 정책 수립을 맡는다.
   (3) 상무부(常務部) : 제반 시설을 앙장(鞅掌)하고 일반 서무를 집행한다.

---

32) 백초월은 3·1운동 때 불교계의 소극적인 태도에 분노하여 '불교 중앙학림'을 중심으로 한국민단본부를 결성, 대한민국임시정부에 대한 지원활동을 펴는 등 독립운동에 적극적으로 참여했다. 당시 불교계 인사 중 대표적인 독립운동가였다. 특히 민단본부의 부장으로서 〈혁신공보〉 등의 선전물을 인쇄·배포하면서 독립의식을 고양했다(장석흥,「조선민족대동단 연구」,『한국독립운동사연구』,3 13~14쪽, 1989)

(4) 외무부(外務部) : 일체의 외교 사무를 장리(掌理)한다.

(5) 재무부(財務部) : 일반 재정 사무를 장리한다.

(6) 무정부(武政部) : 일체 용무(用武) 사무를 관리한다.

2. 부설 기관은 중앙 기관의 결정 사항을 시설·집행하는 것으로서 각부의 감독 아래 다음과 같이 부설한다.

(1) 추밀부 감독 아래 민권위원회·통신위원회·제도연구위원회·기관신문사와 지방·지구 단체 및 종교단·교육단·유림단·승신단(僧紳團)·군인단·상공단·청년단·노동단 등 각 사회 대표위원으로써 성립되는 국민의 사회(國民議事會)를 부설한다.

(2) 상무부 감독 아래 국민 대회를 부설한다.

(3) 외무부 감독 아래 국민외교위원회를 부설한다.

(4) 재무부 감독 아래 국민경제동맹회를 부설한다.

(5) 무정부 감독 아래 의용단과 군인교육회를 부설한다.

3. 각 임원은 각 단체 및 지방 대표 중에서 선출하고 각기의 자격에 적합한 사무를 배당한다.[33]

대동단은 그 명칭이 상징하듯이, 거족적인 조직을 표방했다. 대동단의 선언서가 이를 잘 보여준다.

---

33) 신복룡, 『대동단실기』, 76~77쪽, 선인, 2014

■ *선언서*

우리 조선 민족은 2천만 성충과 묵계의 발동에 따라 반만년 역사의 권위에 의지하여 인류 대동의 새로운 요구에 응하려 하며, 세계 평화의 대원칙을 준수하고 정의·인도의 영원한 기초를 확립하고자 먼저 조선 독립을 선포했다. 그 관계는 이미 국제적이며 또 인류적이다. 우리 민족은 추호도 남을 배척하려는 옅은 생각이 없으며 공의로운 길 정의로운 이치를 존중하고 광명정대한 행동과 평화·선량한 방법으로써 조선 독립이 해결되기를 여러 나라의 정의·공론의 결정에 기대하는 바이다. 일본이 재래의 착오를 개혁하지 않고, 인류 양심의 희망을 유린하고 세계 평화의 위신을 무시하여 비인도적이며 참독한 무력으로써 우리 문명적 생명력의 발작을 학살하는 것은 세계의 모든 인류가 용인할 수 없는 공분된 일이다. 이에 우리 2천만 민족은 죽음을 맹세한 최후의 결심을 했다.

우리 민족은 민족적 정신의 자각을 진중히 가지며 생존상 기능의 자신을 발휘하여 엄격한 주장을 관철할 것이다. 뿐만 아니라 오늘에야 시국 진정의 형세에 비추어 사태의 쉽고 어려운 형세를 관찰하고 모든 우리 민족 일치의 동작으로써 10대 사회 각 단체와 지방 구역이 선출한 인원을 통일·종합시키기 위해 본단을 조직하고 우리 민족 영세의 귀추인 3대 강령을 내세워 이를 세계에 선언하는 바이다.[34]

---

[34] 신복룡, 『대동단실기』 80쪽, 선인, 2014

그리고 대동단의 결의 6가지 사항을 추가로 발표했다.

- 결의
(1) 3대 강령을 몸소 실현하여 일본 정부로부터 조선 통치의 현재 시설을 완전히 인계하고 총독 정치를 철거하여 온건한 사회 발전의 시설을 시행할 것.
(2) 파리만국강화회의에 참석할 우리 대표위원을 고무하고 열강에게 우리 조선 독립을 공인시키고자 연맹에 가입할 것.
(3) 완전한 독립 정부를 성립할 때까지 임시정부를 원조하고 국민 사무를 처리할 것.
(4) 일본이 우리 민족의 독립 시설에 대하여 포학한 무력으로써 억압하던 것을 하루 빨리 철폐하고 아울러 일본 군대를 철거할 것.
(5) 일본이 우리 조선의 독립을 인정하지 않고 포학을 계속 자행할 때는 하는 수 없이 최후의 수단을 쓸 터인즉 이에 관련된 결과는 일체 우리가 그 책임을 지지 않을 것임.
(6) 외국인의 생명과 재산은 모두 보호할 것.[35]

대동단은 우선 유인물을 배포함으로써 은밀하게 활동을 시작했다. 유인물은 비밀단원을 통해 민가에 투입되거나 특정 인물에게 전달되는 등 다양한 방법으로 배포되었다. 일제는 유인물에 대한 본격적인

---

35) 신복룡, 『대동단실기』 81쪽, 선인, 2014

수사를 시작하였다.

그런데 예상치 못한 변수가 생겼다. 최익환과 이능우가 인쇄에 필요한 활동 자금을 마련하기 위한 토지거래에 개입하다 경찰에 고발당해 1919년 5월 23일 체포된 것이다. 이 과정에서 최익환과 권태석의 대동단 유인물 배포가 드러나고 권태석, 김영철, 나경섭은 일경에 체포되었다. 일제는 이미 이전부터 대동단의 활동 계획을 포착했다. 즉 대동단을 탄압하기 위해 금전 사취 사건으로 위장하는 기만작전을 펼친 것이다.

당시 사건을 은밀히 추적했던 일본 조선주차군 참모부의 기밀문서를 통해 당시 정황을 엿볼 수 있다. 조선주차군 참모부는 1919년 5월 23일 김가진을 중심으로 독립선언서를 배포하려는 첩보를 입수했다. 조선군사령관 우쓰노미야 다로(宇都宮太郎)가 일본 육군대신 다나카 기이치(田中義一)에게 5월 23일 자정에 보낸 기밀 전보[36]에는 다음과 같이 쓰여 있었다.

> "내일 23일 경성에서 남작 김가진 등 귀족 20명 이상이 신문기자단, 대동단, 학생 등과 연합해 독립선언서를 배포하려 하는 정보가 있다. 진위가 불명확하고 근거가 적어, 지금 이것에 대해 각각 수배 중"

일제는 5월 21일부터 준비를 하였고 23일 본격적인 체포 작전을 벌

---

36) 密 第102號 其277 「電報 : 金嘉鎭(金家陳) 등의 시위운동계획 정보」, 1919.5.23

였다. 23일 아침 이능우, 최익환을 체포하고 인쇄물과 기계를 압수했다. 당시 조선군 참모부가 기록해 보고한 기밀문서에는 다음과 같이 적혀 있었다.

> "본 기간 전도를 통해 특기할 건 없고 일반적으로 정온하다. 단, 5월 23일 경성에서 남작 김가진, 자작 이재면, 동 권중현 및 민영달 외 20명 이상이 독립선언서를 배포할 계획이 있다는 정보를 5월 22일 밤 수령해서 경성 경비부대는 지엄한 배치를 취하고 경계를 맡기고 동시에 경무기관의 행동을 원조하였다. 경무기관은 5월 23일 아침 수모자인 불령선인(명령에 따르지 않는 조선인) 이능우와 최익환 외 2명을 체포하고 독립선언서, 진정서, 경고문 기타 인쇄기계 등을 압수하였다."[37]

무서운 고문이 밤낮없이 계속되었다. 최익환과 이능우, 권태석 등은 자신들이 모든 것을 했다고 주장하며 배후는 없다고 완강히 부인했지만, 일경은 이들의 말을 믿지 않았다. 이들은 동농이 그 배후임을 이미 알고 있었다.

동농과 전협을 비롯한 대동단의 주요 지도부는 최익환 등이 일제에 구속되면서 조직을 새롭게 정비할 수밖에 없었다. 선언서와 강령 선포 3일 만에 엉뚱한 사건으로 조직 일부가 무너지게 되면서, 전협 등 지도부는 이전보다 강고하고 일관성 있는 유인물 투쟁을

---

37) 密第102号 其308「騷擾事件に関する状況」, 1919.6.2

결심했다.

우선 최익환 등의 구속으로 공석이 된 인쇄책임자와 실무자를 메꿔야 하는 문제에 직면했다. 활동 자금 확보도 중요했다. 전협은 정남용을 인쇄책임자로 선정하고, 이건호를 통해 소개받은 전북 김제 만석꾼 집안 출신 장현식으로부터 자금지원을 받았다.[38]

동농을 비롯한 지도부는 이번 위기를 넘겼지만, 활동 재개를 위해 해외에 본부를 두는 방법을 생각했다. 만약 다시 일제에 발각되어 상부선이 노출되면 조직은 와해되기 때문이었다. 지도부는 이 과정에서 강령을 수정하였다. 대동단의 강령은 기존의 독립·평화·자유에서 독립·평화·사회주의로 변화되었다.

이러한 변화는 바로 왕정 회귀 반대, 공화정 중에서도 평등을 강조하는 사회주의를 주장한 것이었다. 대동단이 주장한 사회주의는 오늘날의 노동당 일당독재 같은 '북한식 사회주의'와는 차원이 다르다. 김가진과 전협은 대동이 사회주의의 정체성인 평등에 가깝다는 데 주목했을 것이다.

중국의 국부 손문이 내건 삼민주의나 대한민국임시정부 임시헌장을 기초한 조소앙의 삼균주의도 평등 실현이라는 맥락에서 사회주의의 영향을 받은 게 사실이다.

1917년 러시아혁명 이후 연해주와 만주를 중심으로 공산주의 이념이 아시아에 급속히 퍼졌지만, 김가진과 전협 등은 공산주의 대신 사회주의를 채택했다. 앞에서 언급한 변경된 강령이다. 자유를

---

38) 신복룡, 『대동단실기』, 106~107쪽, 선인, 2014

기반으로 평등을 강조하는 사회주의로의 강령 진화, 이로써 대동단의 색은 더욱 확실해졌다. 그리고 이를 진두지휘한 이는 총재 동농이었다.

일본 잡지 『신공론』에 김가진이 기고한 '한국인이 일본인을 배척하는 3가지 이유'

백운장 앞에서 동농 김가진

몽룡정 앞에서 대례복을 입은 동농 김가진

4장

도산 안창호의 연결로 망명

4장
도산 안창호의 연결로 망명

대동단은 창단한 지 얼마 되지 않은 1919년 5월 하순, 커다란 위기를 맞는다. 이때까지 대동단은 4월 유학자 차세운 명의의 '등교 학생 제군에게', 5월 조선민족대동단 민권위원회 명의의 '시국을 관망하는 공론자에게 경고함', 같은 달 조선민족대동단 명의의 '일본 국민에게 경고함'이라는 유인물을 살포하려 했는데, 유인물 살포의 중심인물인 최익환과 권태석, 이능우가 일경에 체포되는 일이 발생한다.

앞에서도 다뤘듯이, 이 체포 사건이 일제가 이미 일찍부터 대동단의 정체를 파악하고 포위망을 좁혀온 결과라는 사실을 알아챈 김가진을 비롯한 지도부는 대동단 본부를 해외로 옮기는 것을 염두에 두게 된다.

대동단은 김가진 총재를 중심으로 조직은 전협, 재정은 정두화, 선전・인쇄는 최익환이 담당하고 있었다. 그중 선전・인쇄 부서가 발각되어 다른 구성원들로 대체했지만, 유인물을 통한 선전 활동을 지속하기엔 많은 제약이 있었다. 이런 상황에서 동농은 본부를 만주에 둘 것인지, 상하이에 둘 것인지 고민했다. 만주에는 김좌진이 있고, 상하이에는 대한민국임시정부가 있었다. 김가진은 공화정 정부가 있는 상하이를 대동단의 새로운 근거지로 결정했다.

이후 일경의 신문조서에 "사무소는 조선 땅에 있으면 위험하기 때문에 상하이에 본부를 두고 그곳의 중요한 사람으로서 주무에 충당하며…"라고 진술한 것[39]을 보면, 김가진의 상하이 망명은 준비된 계획이었던 듯하다. 그러나 그는 비밀을 지키기 위해 아들을 제외하고 부인이나 며느리에게도 이야기하지 않았다.

김가진은 임시정부 수립 소식을 듣고는, "이 정부야말로 진정한 한인(韓人)의 정부다. 반드시 임시정부에 참여하고야 말겠다"고 다짐했다고 한다.[40] 그는 일흔넷의 노인이었다. 생의 끝자락에서, 청년도 실행하기 힘든 결단을 내린 까닭은 무엇이었을까. 치욕을 씻고 떳떳이 죽겠다는 각오만으로는 설명되지 않는다. 동농은 찰라적인 감상이나 욕망에 흔들리기에는 너무나 공적인 삶을 살았다.

주군이 비명에 감으로써 은원(恩怨)은 끝났고, 이제 제국의 대신이 누울 자리를 찾는다면, 그곳은 민국이어야만 했다. 비록 단 한 명에 그칠지언정 그래야만 했다. 못난 주군을 대신해 동포에게 사죄하기

---

39) 「警務總監部・警察署 調書: 鄭南用 신문조서(제3회)」, 『韓民族獨立運動史資料集 5』
40) '노인들의 웅대한 포부', 〈신한청년〉, 朝鮮總督府 警務局長, 〈新韓靑年黨의 復興에 관한 건〉, 高警 제1479호, 1925년 5월 4일자에 번역 수록, 국사편찬위원회 한국사데이터베이스

위해서라도, 부역한 양반들이 훗날 조선을 대표하는 역사의 반동을 막기 위해서라도 제국은 민국과 만나야만 했다.

동농 김가진은 일제로부터 조여오는 압박과 조직을 보호해야 한다는 사명 속에서 본부를 상하이에 옮기기로 전협과 합의하여 결행한다. 이미 전협은 일제 수사기관으로부터 추적이 심해져 활동에 많은 제약이 있었다. 일제 수사기관은 전협 뒤의 상부선이 누구인가를 알고자 했다. 그들은 김가진을 상부선으로 추측하고 있었지만, 결정적인 증거를 잡지는 못했다. 일제는 귀족들이 병탄을 환영한다는 자신들의 논리를 깨지 않기 위해 결정적 증거가 없이는 되도록 체포하지 않으려 했다. 그들은 동농에 대한 감시를 더욱 강화했다.

동농은 상하이로 대동단 본부를 옮기기 위해 신규식과 안창호와 긴밀히 연락했다. 앞에서 다룬 바와 같이 신규식은 대동단 총재 김가진과 과거 독립협회와 대한협회 시절부터 친분이 두터운 사이였다.[41] 일제의 소위 대동단 사건의 '예심종결 결정'에 의하면 "7월 중순 전협은 김가진과 협의한 뒤 신규식이 그곳에서 조선독립운동을 선동할 목적으로 신문을 발간하려는 계획을 원조하기 위해 장현식으로부터 제공받은 돈 3천 원 중 1천5백 원을 경성부 체부동 김가진의 집에서 김용환에게 교부하였으며, 김용환은 이 돈을 상해에 가지고 가서 신

---

41) 신규식은 대한협회의 평의원을 지냈기 때문에 대한협회 회장 김가진과 서로 잘 아는 사이이자 이후의 행보를 보아도 친분이 두터웠으리라 짐작할 수 있다(강영심,「신규식의 생애와 독립운동」,『한국독립운동사연구』1 230쪽, 1987). 신규식은 1919년 6월경 대동단의 자금조달을 담당한 정두화에게 자금지원을 요청하며 외부 유력자를 찾고 있던 대동단과 자연스럽게 연결되었다. 그 결과 신규식은 대동단의 자금지원 및 외교를 관장하게 되었다(장석흥,「조선민족대동단 연구」,『한국독립운동사연구』3 7쪽, 1989).

규식 등이 계획한 '독립'이라고 제목한 출판물의 자금으로 제공하였고…"라고 기술되었다.

대동단의 외교 주무였던 신규식은 대한민국임시정부의 창립 주역이기도 했다. 그래서 동농의 상하이 망명에 결정적 역할, 연통제와의 연계에 중요한 역할을 했을 것으로 보인다.[42] 그리고 그 연결고리에는 대한민국임시정부 연통부와 대동단에 연락거점을 제공한 민강이 운영하는 동화약방이 있었다.[43]

동농은 우선 상하이에 있는 대한민국임시정부에 연락을 취했다. 대한민국임시정부에는 동농의 오랜 동지였던 도산 안창호[44]가 있었다. 동농은 망명 의사를 상하이로 전달했고, 임시정부에서는 승려 출신 이종욱을 보내 환영의 뜻을 전달했다.

일제가 그의 일거수일투족을 감시하고 있었기 때문에 일반적인 방법으로는 해외 탈출이 불가능했다. 동농은 일제의 추적을 따돌리기 위해 두 가지 방법을 이용했다. 하나는 변장이었다. 일부러 허름한 누더기 옷을 걸치고 시골 노인으로 위장했다.

다른 하나는 이동 경로였다. 일제 경비가 삼엄한 경성역에서 출발하

---

42) 김자동, 『임시정부의 품 안에서』, 25~26쪽, 푸른역사, 2014
43) 민강은 1909년 이래로 교육운동에 투신했는데, 3·1운동 때 국민대회 개최를 주도하다 옥고를 치른 바 있다. 출옥 이후에는 자신이 경영하는 동화약방을 대동단과 임시정부 연통본부의 연락거점으로 제공하였다. 이와 한편 대동단의 독립만세시위 계획에도 적극 참여했다(장석흥, 「조선민족대동단 연구」, 『한국독립운동사연구』3 12쪽, 1989).
44) 호는 도산(島山). 1898년 이상재, 윤치호, 이승만과 만민공동회를 개최하였고 독립협회 운동을 계속했다. 1900년 미국에 건너갔다. 을사늑약 체결 소식을 듣고 1905년 귀국, 양기탁 등과 신민회(新民會)를 조직했다. 인재양성을 통해 독립을 해야한다는 생각으로 학교를 건립하고 문화와 산업 진흥에 힘썼다. 3·1운동 이후 상해로 건너가 대한민국임시정부 내무총장 및 노동총판을 맡았다(김위현, 『동농 김가진전』, 282쪽, 학민사, 2009).

는 것은 매우 위험했다. 그래서 비교적 감시가 덜한 일산역에서 열차를 타기로 했다. 하지만 일산역까지 가는 것부터가 쉽지 않은 일이었다. 현대의 도로 길이로 계산해도 체부동에서 일산역까지는 23.9km, 60리 길이다. 칠순을 넘긴 노인이 걸어가기에는 먼 거리였다.

집 앞에 순사들이 감시의 눈초리를 번뜩이고 있으니, 섣불리 차에 올라탈 수도 없다. 집에서 나갈 때는 복장도 평상시 차림이어야 했다. 1919년 10월 24일 이른 아침, 김가진은 아들 의한의 부축을 받으며 친척댁이라도 가는 듯 무심하게 문을 나섰다. 아마도 일산역까지 가면서 몇 군데를 들르며 딴청을 부리고, 그 어느 사이에 변장도 마쳤을 것이다. 조선민족대동단이라는 비밀조직이 있었기에 가능한 일이었다.

가까스로 일경의 추적을 따돌리고 일산역에 도착한 동농 부자는 이재호[45)]에게 표를 건네받고 신의주를 거쳐 압록강 건너 중국 단동으로 가는 열차 3등칸에 몸을 실었다.[46)] 대한민국임시정부 대통령을 지낸 박은식 선생은 『한국독립운동지혈사』에서 김가진을 이렇게 평했다.

"김가진이 먼저 해진 옷과 찌그러진 삿갓을 쓰고 약장수로 분장, 아들 毅漢을 데리고 출발하였다. 그는 산간벽지에 있는

---

45) 이재호는 1900년경 궁내부 주사를 거쳐 시종을 지낸 바 있는 인사로, 과거 의친왕이 일본에 갔을 때 그를 수행한 일이 있었기에 1919년 김가진의 상해 망명과 의친왕의 상해 망명에 참여했다(장석흥, 「조선민족대동단 연구」, 『한국독립운동사연구』 3 9쪽, 1989).
46) 김위현, 『동농 김가진전』, 325쪽, 학민사, 2009 ; 신복룡, 『대동단실기』 128쪽, 선인, 2014

시골 역으로 걸어가 3등 열차를 타고 안동현에 이른 다음, 거기서 다시 영국 선박에 편승하여 상해에 도착하였다. 그의 나이 75세였으나 지조와 기상은 의연하여 고난과 위험을 회피하지 않으니 임시정부와 각 단체가 한결같이 충심으로 환영하였다."

동농은 마지막까지 조선을 떠날 생각이 없었다. 하지만, 대동단 주요 간부들이 체포되거나 쫓기게 되면서 망명 결단을 더는 미룰 수 없다고 판단했다. 총재인 자신이 붙들리면 대동단은 끝이었다. 조직을 위해 본부를 안전한 중국 상하이로 옮기는 게 절박했다. 조국을 떠나는 그의 심정은 매우 비통했다.

망명하는 기차 안에서 동농은 그의 심정을 시로 드러냈다.

> 나라는 깨지고 임금은 망하고 사직은 기울어졌어도
> (國破君亡社稷傾)
> 부끄러움 안고 죽음을 참으며 여태껏 살아 있구나
> (包羞忍死至今生)
> 늙은 몸 아직도 하늘을 꿰뚫는 뜻을 품고 있나니
> (老身尙有沖霄志)
> 단숨에 솟아올라 만리길을 날아간다
> (一擧雄飛萬里行)
> 민국의 존망이 달려 있으니 어찌 내 몸을 돌보리
> (民國存亡敢顧身)

천라지망 가운데서 귀신같이 빠져나왔으니
(天羅地網脫如神)
찢긴 갓에 누더기 입고 삼등 차간에 앉은 이를
(誰知三等車中客)
옛적 대신이라 그 누가 알 것인가
(破笠籃衣舊大臣) [47]

며느리 정정화는 『장강일기』에서 그 때의 상황을 이렇게 말하고 있다.

"일흔넷의 노구를 이끌고 고국을 등진 채 해외 망명길에 오른 노정치가의 희망과 의지가 뚜렷이 담긴 시귀다. 성엄(김의한)이 세세히 기록해 놓은 가족 일지에 시아버님이 의주행 열차 안에서 남기신 이 한시가 적혀 있었던 것은 참으로 다행스런 일이다." [48]

동농은 '나라가 깨지고 임금이 망한다'로 시작하는 시를 읊었다. 이제 임금이나 제국의 시대는 끝났다. 대신 '민국의 존망이 달려있으니'라고 하면서 나라의 근본을 민(民) 즉, 백성이 나라의 근본임을 명확히 했다. 동농은 시에서 이렇게 읊고 있다. "늙은 몸 아직도 하늘을

---

47) 정정화, 『장강일기』 41쪽, 학민사, 1998
48) 정정화, 『장강일기』 41쪽, 학민사, 1998

꿰뚫는 뜻을 품고 있나니." 사실, 이 망명길은 의친왕 이강과 함께 가려던 길이었다. 이강도 상하이 망명에 찬성했지만, 개인적 사유로 함께하지 못했고 그의 망명은 뒤로 미뤄졌다.

망명길, 열차 안에서 동농은 회상에 젖었다. 이 길은 1886년 10월 청국 천진에 종사관으로 나가던 길이었다. 북경이 아니라 그다지 유쾌하지는 않았으나, 당시 41세였던 그에게 이 길은 외교관으로서 사명감에 부푼 길이었다. 30년도 더 지난 일이다.

같은 길이지만, 민국을 향해 가는 마음은 설레기보다는 무거웠다. 독립은 지금부터다. 독립에 대한 민족의 열망이 불타 오를수록 막중한 책임감이 노인의 야윈 어깨를 짓눌렀다.

김가진은 안창호의 얼굴을 떠올렸다. 안창호와 동농은 1896년 독립협회를 만들 때부터 알고 지냈으며, 이후 대한협회 시절 교육보급과 산업발전 등 자강의 입장을 함께한 사이였다. 안창호는 이후 대한협회에서도 평의원으로 활동하며 동농과 뜻을 같이한 동지였다.

열차는 시커먼 연기를 토해내며 밤새 달렸다. 30년 전에는 힘든 줄 몰랐는데, 이번에는 아니었다. 경성역에서 신의주역까지 경의선 구간은 485.7km, 김가진이 망명한 때로부터 20년 뒤인 1939년에 가장 빠른 급행열차의 경의선 주파 시간이 9시간이었다. 3등칸에서 10시간 이상 쪼그리고 있어야 했을 칠순 노인 김가진은 녹초가 되었을 것이다.

아들 김의한, 임시정부에서 파견된 안내자 이종욱과 함께 압록강을 무사히 건넌 김가진은 중국 단동에서 우리 독립운동을 돕던 아일랜드 출신 조지 쇼(George Shaw)⁴⁹⁾의 안내를 받았다. 그가 운영하는 이륭양행의 계림호를 타고 황해를 건너 상하이로 갔다.

바다 위에서 동농은 과거를 되돌아보았다. 혼돈의 격랑 속에서, 기울어진 나라 조선을 구하기 위해 혼신의 노력을 다했으나 결국 조선 왕실은 망했다. 이제 새로운 대한민국의 세상으로 첫발을 내디딘 순간이었지만, 자신이 칠순을 넘겼다는 사실에 마음이 조급해졌다.

칠순 노구의 김가진에게 육로와 해로를 합쳐 1천5백km가 훌쩍 넘는 머나먼 망명길은 참으로 힘든 강행군이었다. 상하이에 도착한 직후 동농 부자는 모두 병원 신세를 지게 되었다. 아들 김의한은 만 열아홉의 젊은 나이였음에도 위장병에 걸렸는데, 그만큼 그가 극도의 스트레스에 시달렸음을 짐작할 수 있는 대목이다.

김가진은 병원에서 각국 기자들과 기자회견을 자청했다. 기자회견으로 그의 망명이 세계 각국 언론에 크게 보도되자 일제는 매우 당황해했다. 소위 '합방'은 조선 황실과 귀족들이 환영하는 바라고 국제사회에 선전했기 때문이었다. 동농의 망명으로 일제의 거짓말은 들통이 났다. 기자회견 전까지 일제는 동농 부자의 망명을 감쪽같이 몰랐다. 기자회견 이후 난리가 났다. 일제는 가택수색까지 벌였지만, 아무런 단서도 찾지 못했다.

---

49) 1880년 중국 복주에서 아일랜드계 아버지와 일본인 어머니 사이에서 장남으로 태어났다. 1919년 5월경 중국 안동현에서 이륭양행(怡隆洋行)을 운영하며, 한국 독립운동가들의 신변 안전과 활동을 지원했다. 이륭양행을 통해 많은 독립운동가들이 중국과 한국을 오갈 수 있었는데, 정정화도 그 중 하나였다. 이는 『장강일기』에서도 언급된다. 정부는 조지 쇼의 공로를 인정해 1963년 독립장을 추서했다.

대한민국임시정부는 동농을 고문으로 추대하여 예우를 갖췄다. 당시 고문은 아무도 없었고, 동농이 유일했다. 물론 상하이에는 다양한 견해를 가진 사람들이 있었으나 모두가 합심해 그를 고문으로 추대했다. 비록 가난과 노환으로 동농에게는 힘든 앞길이 남아있었지만, 제국에서 민국으로의 망명은 동농에게 새로운 삶을 가져다 주었다.

성엄 김의한·수당 정정화 부부(1920년대)

5장

대한민국임시정부 고문

5장
대한민국임시정부 고문

　1919년 3·1운동을 계기로 상하이에서는 4월 11일 대한민국임시정부가 수립됐다. 안창호는 수립 당시 미국에 있었는데, 내무총장으로 선출되었다는 통보를 받고 바로 미국을 떠나 1919년 5월 상하이에 도착했다. 안창호는 미국에서 가져온 자금으로 정부청사를 마련하고 직무를 시작했다.

　대한민국임시정부 활동에 가장 중요한 것은 국내와 연계 방법을 마련하는 것이었다. 7월에 국무원령 제1호로 임시연통제를, 8월에는 제2호로 임시지방교통사무국 장정을 제정했다. 연통제와 교통국이 만들어진 것이다. 연통제는 내무부 행정조직망이고, 교통국은 그 산하에 설치한 임시정부와 국내를 연결하는 교통·통신 연락망이었다.

　연통제와 교통국은 특파원을 통해 운영했다. 특파원은 상하이와 국내를 연결해주는 비밀연락원이자 정보요원이었다. 이후 김가진의 며느리 정정화가 시아버지와 상의하여 국내에 들어와 자금을 전달한 활동 역시 이 임정의 연통제와 교통국을 통해서 이뤄졌다.

특파원 임무는 다양했다. 국내 행정조직 책임자에게 임명장 전달을 비롯한 독립운동 비밀결사와 연계, 유력인사의 탈출, 선전 활동, 시위, 자금 모집 등이었다. 상하이와 국내를 연결하는 교통국의 거점은 중국 단동에 마련했다. 상하이와 단동 사이에는 배편이 운행되고 있었고, 단동에는 우리나라 독립운동에 협조적인 아일랜드인 조지 쇼가 있었다. 그는 일본 총영사관의 손이 미치지 않는 구시가지에서 이륭양행이라는 무역회사를 경영하고 있었다. 그 2층에 단동 교통사무국을 설치했다. 동농 김가진의 상하이 탈출 역시 이 연통제와 교통국을 통해 이뤄졌다.

김가진은 아들 김의한과 함께 상하이 프랑스조계 내의 하비로(霞飛路) 지나우편지부 2층에 살면서 대한민국임시정부의 다양한 인사들과 만났다. 그는 전협에게 의친왕 이강의 상하이 망명 계획을 일임하고, 먼저 상하이에 도착했기 때문에 거사가 어떻게 진행되고 있는지 궁금증이 커졌다.

10월 9일부터 착수한 의친왕 이강의 탈출 계획은 동농이 탈출한 지 한 달 뒤인 11월 10일에야 실행에 옮겨졌다. 오전 11시 수색역 출발 단동행 열차로 시작된 의친왕 이강의 탈출에는 전협을 비롯한 대동단의 간부들도 동행했다. 의친왕과 대동단 간부들은 신의주를 거쳐 단동역에 도착했지만, 이미 정보를 알고 기다리고 있던 종로경찰서

형사들에 의해 체포됐다.[50] 동농의 탈출로 충격을 받은 일제가 수사기관을 총동원해 의친왕을 감시했기 때문이다.

이 과정에서 전협 등 대동단의 주요 간부들이 체포되고 말았다. 전협 등이 체포되었다는 소식을 들은 독립운동가이자 역사학자인 백암 박은식은 저서 『한국독립운동지혈사』에서 이렇게 평가했다.

"아, 전협·최익환 등은 일진회 회원이 아니었던가? 일진회는 또한 매국노 이용구의 무리들이 아니었던가? 그러나 이 같은 사람들이 은인자중하면서 뜻을 세워 기회를 엿보고 있었다. 변을 관찰하여 오늘날에 와서 이 같은 비상한 활동을 보였으니, 그 용기와 담력은 저들로 하여금 다만 경탄을 금치 못하게 하였다. 이 거사는 다만 개인이 당장에 성불하려 함이 아니라, 우리 민족 전체의 심리가 일치하여 근본에 돌아갔으므로 더욱 뚜렷해진 것이다. 저들이 길러낸 일진회가 오늘날 독립당이 될 줄이야 어찌 알았으랴. 동화를 몽상하는 자들은 더욱 망령된 꿈에서 깨어나야 한다."[51]

의친왕은 망명이 좌절된 후 임시정부에 편지를 보냈다. 이 편지에서 그는 "나 역시 한국민의 한 사람이다. 차라리 독립 한국의 서민이 될지언정, 우리나라를 합병한 일본의 황족이 되기를 원하지 않는다."

---

50) 이에 대한 내용은 신복룡이 쓴 『대동단실기』 138~164쪽, 선인, 2014에 자세히 나와 있다.
51) 박은식, 『한국독립운동지혈사(하)』 135~136쪽, 서문당, 1999

라며 자신의 심경을 고백했다.[52] 그의 망명 시도는 결코 왕족이나 개인의 영달을 바라고 시도한 것이 아니었다.

동농의 상하이 망명과 의친왕 이강의 상하이 탈출 시도로 대동단은 이제 일제에 단순한 불온집단이 아니었다. 당시 일본 신문은 대동단을 상하이에 있는 독립운동 단체 중에서도 강력한 투쟁을 주창하는 단체로 소개하기도 했다.[53]

의친왕의 탈출 실패와 이로 인한 전협 등 주요 간부의 체포로 대동단은 다른 방도를 모색해야 했다. 김가진과 아들 김의한은 나창헌 등 탈출에 성공한 간부들과 함께 새롭게 본부를 꾸렸다.

국내에서 제2차 만세운동을 추진하고, 동시에 만주에서 무장투쟁과 연계해야 한다는 구상을 했다. 김가진은 이를 상하이에서 진두지휘했다. 우선 만주의 무장투쟁과 연계하기 위해 대동단의 만주지부를 결성했다. 그리고 상하이로 탈출한 나창헌이 동농과 협의해 제2의 만세선언문을 작성했다. 그리고 만세시위 거사일을 1919년 개천절인 음력 10월 3일로 결정했다. 양력으로는 11월 25일이었는데, 연기되어 28일에 거사를 단행했다. 네 번째 독립선언이었다.[54]

---

52) 「한국 태자의 일본에 대한 반감(韓太子對日之反感)」, 『민국일보(民國日報)』, 1919.12.4 ; 박은식 씀, 남만성 옮김, 『한국독립운동지혈사(하)』 134쪽, 서문당, 1999
53) 「朝鮮の治安回復, 朝鮮視察を了りて, 小川生―各派の暗鬪」, 『大阪時事新報』, 1920.12.3~18 해당 기사에서 대동단을 '무단파 중에도 급거 병력으로 조선 내에 침입해야 한다고 주장'하는 단체로 인식하고 있다.
54) 첫 번째 독립선언은 1919년 2월(음력 1918년 11월) 김교헌 등 39인의 명의로 중국 길림성에서 발표한 무오독립선언서, 두 번째 독립선언은 1919년 2월 8일 조소앙·이광수 등 일본 유학생들이 독립을 선언한 2·8 독립선언서, 세 번째 독립선언은 1919년 3월 1일 민족대표 33인이 선언한 기미독립선언이다. 대동단은 이를 계승하여 네 번째 독립선언으로 삼은 것이다.

지도부는 제2차 독립선언이라는 의미를 담기 위해 서명자의 숫자를 33인으로 정했다. 다만 3·1만세운동처럼 고종의 인산일 같은 계기가 없어 대중들이 모이지 않을 것이므로, 당초에는 자동차 몇 대를 빌어 유인물을 살포하고 시위를 벌인다는 계획이었다.[55]

동농 김가진은 11월 전개된 국내의 투쟁선언문을 다음과 같이 기초했다.

> 반만년 역사의 권위와 2천만 민중의 성충(誠衷)에 의지(仗)하여 국가의 독립됨과 우리 민족의 자유민 됨을 천하만국에 선언하며 또한 증언하노라. 근역청구(槿域靑丘)는 남의 식민지가 아니며, 단군과 고구려의 자손(檀孫麗族)은 남의 노예의 종자가 아니다. 나라는 동방 군자요, 민족은 선진(先進)의 선인(善人)이라. 움직이면 비틀거리고, 다스림이 오래니 어지러움이 일어났다. 밖으로는 고래가 삼키는 듯한 강한 이웃이 있고, 안으로는 병든 나라의 간교한 역적이 있다.
>
> 5천 년의 신성한 역사와 2천만 예의의 민족과 5백 년 황황종족(皇皇宗族)이 하루아침에 인멸(湮滅)하니, 조정에는 순국의 신하가 있고 재야에는 절개를 지켜 죽은 백성이 있으나 황천이 불쌍히 여기지 아니하고 국민이 복이 없어 황제 성명에 황급히 폐천(廢遷)의 욕을 당하여 사민(士民)이 거의(擧義)에 곧바로

---

55) '그 날은 자동차 몇 대를 빌어 남대문, 동대문, 서대문 방면에 선언서를 배포하며 태극기를 선두에 세우고 나가면서 조선독립만세를 부르며 시내를 누비고 다닌다는 것이었다.'(「송세호 신문조서(제2회)」, 경성지방법원, 1920.3.6)

민족이 섬멸되는 화를 받았으며, 남발하는 세금과 가혹한 법과 노예처럼 학대하여 부림으로써 민족이 안심하고 살 수 없는지라. 불평하여 외치면 강도로 다스려 찢어 죽이니 범부(凡夫)의 충의의 혼이 잔인한 칼 아래 쓰러진 자가 몇 천 몇 만인가. 원한과 고통을 삼키고 마시며 와신상담한 지 십개 성상(星霜)을 지난지라.

어둠이 다하면 밝음이 돌아오고 막힘이 가면 태평함이 오게 되는 것은 천리의 호운(好運)이며 죽음에 처하여 삶을 얻고 오래 굽혀 일어남을 생각함은 도의 지극한 정리일세. 세계 개조의 민족자결의 이론은 천하에 드높고 우리나라의 독립국과 우리나라의 자유의 소리는 나라 안에 울려 펴진다. 이제 3월 1일에 선언 독립하고 4월 10일에 정부를 건설했으나 간악한 저 일본이 시세(時勢)의 추이(推移)를 살피지 아니하고 오로지 표범과 이리의 만성(蠻性)을 부려 무자비한 압억에 맨손의 도중(徒衆)을 총으로 죽이고 성읍 촌락을 불태우니 이것이 인류 양심에 차마 할 바인가?

우리 민족의 단충열혈(丹忠熱血)은 결코 이러한 비정리적(非情理的) 압박에 움츠러 들 바가 아니오, 날이 갈수록 정의 인도로써 용왕(勇往) 매진할 뿐이로다. 만일 일본이 끝내 뉘우침이 없으면 우리 민족은 부득이 3월 1일의 공약에 따라 최후 1인까지 최대의 성의와 최대의 노력으로 혈전을 불사(不辭)코자 이에 선언하노라.

대한민국 원년 11월

이강, 김가진, 전협, 양정, 이정, 김상열, 전상무, 백초월, 최전구, 조형구, 김익하, 정설교, 이종춘, 김세익, 정의남, 나창헌, 한기동, 신도안, 이신애, 한일호, 박정선, 노홍제, 이직현, 이내수, 김병기, 이겸용, 이소후, 신태연, 신형철, 오세덕, 정규식, 김횡진, 염광록 [56]

3·1운동의 1차 독립선언서와 달리 이 2차 독립선언서는 마지막 대목을 "만일 일본이 끝내 뉘우침이 없으면 우리 민족은 부득이 3월 1일의 공약에 따라 최후 1인까지 최대의 성의와 최대의 노력으로 혈전을 불사(不辭)코자 이에 선언하노라"라고 마무리하며, 강도 높은 투쟁 의지를 담아냈다. 상하이에서는 동농이 강력한 투쟁을 예고하는 기자회견과 강연 등을 했다.

비록 시위가 3·1운동 만큼의 반응은 아니었으나, 동농은 11월 시위에서 나름의 의미를 찾고 국내 지하조직 재건과 만주 등에 지부를 조직하기 위해 활동했다.

동농은 이듬해인 1920년 3월 6일 대동단의 본부를 상하이에 둔다는 통고문을 발표하였다. 그리고 잠복해 있는 점조직의 비밀단원으로 하여금 지속적인 투쟁을 할 것을 강조했다. 이를 위한 포고문을 작성했는데, 그 내용은 다음과 같다.

---

56) 신복룡, 『대동단실기』 172~173쪽, 선인, 2014

단원 제군이여, 분기(奮起)하라! 일거(一擧)를 기(期)하여 분기하라! 자유·독립과 정의·인도의 소리가 그 파동을 넓히니 적의 횡포는 일층 우심(尤甚)하도다. 야수의 유전(遺傳)을 아직도 탈피하지 못하고 약육강식을 지존(至尊)으로 여기는 섬나라 민족(島族)의 완고하고 어두움(頑冥)은 글(筆)이나 말(舌)만으로는 이를 회오(悔悟)시키기 어렵도다. 몇 년 동안 우리 민족이 취했던 평화적 수단은 오히려 저들에게 문약(文弱)하고 무혈(無血)하다는 환각을 주었을 뿐이다.

적의 횡포에 고읍(苦泣)하는 단원 제군이여! 재차의 기대(企待)를 싫어하는 노부모와 어린 형제의 골육에로 오랑캐의 칼이 기탄없이 들어오는 것을 보면서 우리 단원 제군은 어찌 참고만 있겠는가? 분기하라. 일거를 기해 분기하라! 수화(水火) 가운데에 있는 우리 민족을 구하고, 우리 민족의 공존의 필요를 각오했으면 분기하여 일명(一命)을 나라에 바치라.

단원 제군이여, 혈전의 시기가 눈앞에 박두했음을 각오하라. 야만족 자신이 이를 요구하고 세계 조류가 이에 향응(響應)할 것이다. 수화(水火) 가운데에 있는 2천만 우리 민족을 구함은 우리 3백만 단우(團友)의 결사 일전에 있다고 결심 맹약한 단원 제군이 최후의 일법(一法)을 취할 수 있는 기회가 여기에 있을 것이다. 제군이여 분기하라! 다만 궐기할 때 부분적인 것은 피하라. 그윽이 전해들은 바로는 근자에 본단 의병 부원 가운데 한 무리가 모종의 활동을 개시했다고 한다. 이 또한 애국 정성의 소사(所使)이니 찬미하지 않을 수 없도다.

그러나 제군이여, 일에 임하여 다시 하나의 계책을 가(加)하노라. 유사 이래 우리 민족에게 수치를 준 자나 고통을 준 자는 모두 부분적 행동이며, 폭도·불령(不逞) 등의 언사를 적으로 하여금 감히 토하게 했을 뿐이며, 신성한 우리 민족에게서 약간의 부패한 돈을 갹출(醵出)한 것도 부분적 행동의 소이(所以)이다. 본단의 출현은 실로 이를 막으려는 데에 있도다. 제군도 또한 이를 목적으로 하지 않는가!

가일층 단결을 굳혀 준비를 완성하고 애국의 열성을 부분적으로 사용치 말라. 우리의 임시정부에서는 혈전의 준비를 이제 급속히 진행 중에 있으며, 본 총부에서는 최후의 행동에 대한 획책을 머지않아 발현할 것이니 한 번 태어나 한 번 죽는 일을 우리 민족의 사명에 맡긴 제군은 더욱 일도·일진·일퇴(一度一進一退)를 모두 총부의 명령에 따르도록 이에 포고하는 바이다.

대한민국 2년 3월 6일
대동단 총재 김가진 [57]

이렇게 선언서와 포고문을 작성해 배포하는 등 활발하게 독립운동을 전개했지만, 상하이에서의 생활은 아주 어려웠다. 특히 경제적으로 궁핍했다. 앞서 언급했듯이 임시정부 연통제를 활용하여 며느리 정정화를 국내로 보낸 것과 마찬가지로, 대동단 요인을 국내에 잠입

---

[57] 신복룡, 「대동단실기」 188~189쪽, 선인, 2014

시켜 자금을 확보케 했다.

예를 들어 경상북도 지역에서 활동한 권원하가 있다. 그는 신흥무관학교 졸업 이후 1920년 1월 하순 경상북도 일대에서 독립운동 자금을 모집하는 활동을 하다 칠곡군 왜관에서 일경에게 체포되었다. 당시 그는 품에 대동단 총재 김가진의 이름으로 발행된 독립운동 자금 모집 수령증을 지니고 있었다.[58] 이처럼 동농은 국내를 통한 독립운동 자금 모금을 추진한 것이다.

동농은 자금 모금을 위해 대동단 총재의 이름으로 갹금권고문(醵金勸告文)을 3월 10일 배포하였다.

> 동포 제위여, 분발하라!
> 왜적의 속박(箝制)을 탈피하고 반도 강산에 태극기를 휘날리는 날이 목전에 이르렀도다. 방금 왜적은 안으로 국난의 궁곤(窮困)을 당하고 밖으로는 열강의 핍박을 받아 그 위험함이 알을 쌓아놓은 세(勢)에 있도다. 이는 실로 전 세계의 기운(氣運)이 왜적을 징벌함이로다. 천백세 조령(祖靈)은 우리 민족을 음우(陰佑)하는도다.
> 이제(於是乎) 본단은 제반의 활동을 전개하여 북으로는 모지(某地)에 연락을 취하고 남으로는 모방(某方)의 후원을 얻어 방금 혈전을 개시할 것을 결정했다. 과거의 국치를 씻으려 함도 이 일거에 있으며 장래의 자유를 얻음도 이 일거에 있도다. 제

---

58) 김희곤, 『독립운동의 큰 울림, 안동 전통마을』 370쪽, 예문서원, 2014

위여, 민족을 생각하고 강토를 사랑하면 각기의 성력(誠力)을 다할지어다. 1원의 보조력을 가진 동포는 1원의 군자금을, 1만 원의 보조력을 가진 동포는 1만 원의 군자금을 의무적으로 책임적으로 갹출해 줄 것을 간절히 바라는 바이다.

대한민국 2년 3월 10일

대동단 총부

총재 김가진

무정부장 박용만

상무부장 나창헌

외교부장 손영직

재무부장 고광원 [59]

동농은 갹금권고문을 배포하는 한편, 국내에 있는 지인들에게 독립자금을 마련해 줄 것을 간절히 호소하였다. 현재 동농 일가에서 소유한 동농의 간찰문[60]에 당시 동농의 절박한 심정이 드러난다.

대감[61]께서는 몸 건강히 잘 계시고 집안은 두루 평안하신지

---

59) 신복룡, 『대동단실기』 190~191쪽, 선인, 2014
60) 안부, 소식, 용무 등을 적어 보내는 글
61) 대감 : 원문의 '태체(台體)'는 '대감의 건강'이란 뜻인데, 보통 수신인이 2품의 벼슬에 있을 때 '태(台)'를 쓴다. 따라서 이 편지의 수신자는 김가진의 종형(從兄) 중에 2품 이상의 벼슬을 지낸 이로 추정된다.

요? 이 족종(族從)⁶²⁾이 차마 죽지 못하고 죽기로 맹세한 것은 오직 나라의 광복을 위한 사업에 큰 활동을 하는 것뿐입니다. 이외에 따로 드릴 말씀은 없습니다. 다만 늙고 쇠약해지는 것이 두려울 따름입니다.

바다를 건너 상해(上海)로 온 이후로 죄 없는 가족들이 곤경 속에서 떠돌이 생활을 하면서 모두 죽을 지경에 빠졌습니다. 세상 사람들은 망명한 나라의 역적으로 간주하여 모두들 꺼리고 미워하며 돌보아 주는 이가 한 사람도 없었습니다.

그런데 대감께서는 충의(忠義)한 마음을 지니시어 위험을 무릅쓰는 것에 구애를 받지 않고 특별히 자비를 베풀어 주셨습니다. 이미 백 가지를 넉넉하게 제공해 주셨는데 이어서 또 서른 가지로 구제를 해 주시어 자못 중단되는 일이 없도록 하였습니다. 이에 힘입어 마치 마른 웅덩이에 있는 물고기 마냥 어려운 형편에서 살아날 수 있었습니다. 더욱이 시종 변함없이 금석(金石)과 같은 가르침과 정성스런 은혜까지 베풀어 주셨으니, 마치 물이 골짜기로 쏟아지는 것 같았습니다.

이 쇠잔한 목숨에 선행을 베풀어 주셨으니 하늘이 반드시 복을 내리실 것입니다. 타국에서 감사를 드리는 마음을 어찌 골수에 깊이 새기는 데에 그칠 뿐이겠습니까. 죽어서도 은혜를 잊지 않고 보답할 것이니, 어찌 그런 날이 없겠습니까.

편지지는 짧고 하고 싶은 말은 많은데 붓으로는 만분의 일도

---

62) 족종(族從) : 항렬이 같은 친족에 대하여 자기를 일컫는 말.

감사함을 전할 수 없습니다. 대감께서는 오직 불심(佛心)으로 시종 원만하시기를 바랍니다. 아울러 종전에 통신한 곳으로 간략하게나마 답장을 보내 주시기를 간절히 바랍니다. 나머지는 이만 줄입니다.

경신년(1920) 지월(至月, 음력 11월) 11일 족종 동농 올림.
현주소 : 상해(上海) 법계(法界) 패륵로(貝勒路) 영경방(永慶坊) 10호 [63]

동농은 상하이에 망명한 독립투사 중 가장 나이가 많고, 과거 고위급 인사였다. 이에 상하이 여러 교민단체에서 초청 강연을 했다. 그 강연 전문은 아래와 같다.

여러 학자, 정치가, 웅변가가 많을 터인데 이 쓸모없는 늙은이에게 초청 강연을 부탁하니 매우 영광이오나 마치 벙어리에게 노래하라는 것과 같습니다. 그러나 몇 마디 생각나는 대로 말씀 드리겠습니다.
우리나라가 단군성조 건국 이래 당당한 독립국으로서 중간에 중국과 국력이 강약에 따라 기미될 때도 있었으나 내치와 외교는 일체 스스로 다스려서 우리나라와 우리 국토에서 사농상이 발달하여 전성시대를 이룬 때도 많았고, 무력이 세어서 강토를 개척한 위업을 이룰 때도 많아서 사천여 년 동방에 문명국

---

63) 연세대학교 국학연구원, 『동농 김가진 전집 I』 677~678쪽, 선인, 2014

으로 이름을 떨치었으나 조선시대에 와서 무를 경시하고 문을 높이며 인종을 차별하여 국세가 약해지기 시작하여 오다가, 신료들의 분당과 당파 싸움, 사리사욕, 탐권엽관(貪權獵官) 등만 일삼으며 나라에 해되는 일만 하고 백성들은 교육을 전혀 받지 않고 놀고 먹으며 게을러서 산업을 진흥시킬 뜻이 전혀 없었고, 정부에는 간신 적자만 날뛰어서 교활한 왜구의 매와 개가 되어서 마침내 나라는 망하고 임금을 시해하기에 이르렀습니다. 지난날이 이러하거늘 나라가 존재할지라도 피폐된 국가를 만회하기 어려운데 항차 나라가 망해 없어진 이때에 무슨 힘으로 강토를 회복하며 국권을 재창조하겠습니까?

그러나 이번에 하늘이 우리 이천만 민족을 도우시고, 이천만 민족은 천시(天時)와 인도(人道)를 응하여 3월 1일부터 전국에서 동시에 같은 목소리로 대한독립만세를 불러 하늘과 땅을 움직이게 부른 후로 각 지방에서 만세소리가 지금까지 끊어지지 않고 맨손으로 포악한 왜놈의 총검과 고문을 참혹히 당할수록 만세소리는 더욱 더 거세지고 독립에 대한 피는 더 뜨거워져서 해내외는 물론이고 자연적 연락 단결된 결과로 상하이 이곳에서 우리 새 한국정부가 드높이 성립되어 힘찬 여러분의 독립정신으로 모두 착착 진행되어 오래도록 허물어지지 않을 확고한 터를 건립하고, 우리 민단도 의연히 모이게 되어 모두가 걸출한 대한의 혼과 담으로 정의와 공론(公論)을 주장하여 독립행동에 마음과 힘을 모아 온 동포 여러분이 이 자리에 참석하여 십년 만에 다시 보는 태극기 아래에서 간담(肝膽)을 피로하고 의지를 교환하니 이것이 모두 우리 전국 동포의 피를 흘리고 죽음도 달게 여긴 효력입니다. 그러한즉 우리가 다음에 완전하고 영구한 독립국을 다시 작성하려면 필요한 긴급조건이 대략 세 가지가 있습니다.

첫째, 정부가 우리 강역 밖에 있어서 제반 행정이 늘 장애가 많으니 정부는 성력으로 인민을 지도 융화하고 인민은 성심으로 정부를 아끼고 존중하여 상하원근이 지성의 일체가 되어야 할 일이요. 둘째는 인민이 서로 아끼고 서로 사랑하고 무편무당(無偏無黨)하여 남과 내가 없이 전국 동포가 한 몸 한 마음으로 국가에 충성을 다 할 일이요. 셋째 큰 집을 지으려면 기둥과 대들보가 될 좋은 재목을 양성해야 할 것이요. 국가를 지으려면 학술을 가진 인재를 많이 양성해야 할지니 이때의 급한 일이 일반 청년의 재주 있는 자제들을 많이 외국에 유학을 시켜 국가에 크게 필요한 인재를 영원히 계속케 할 것이니 이것이 가까이 일본에 개명속성(開明速成)한 것과 멀리 구미 열국에 부강천양(富强闡揚)한 원인을 살핀 것이니, 이것이 모두 인민 부형의 의무요 책임질 일이올시다. 이밖의 허다한 조건은 이루 다 진술치 못합니다. 어눌한 말로 이만 그칩니다.[64]

이 밖에 동농은 상하이 망명 중에도 시작(詩作)을 멈추지 않았고, 대한민국임시정부와 독립투사들에게 축시를 보내주기도 했다. 독립

---

64) 김위현, 『동농 김가진전』, 347~348쪽, 학민사, 2009

운동을 하면서 그가 느낀 감정들을 시로 남겼다.

내가 새 대한민국에 의탁한 지 제2년을 맞아
이른 새벽 잔 들어서 하늘에 축원하기를
형언키 어려운 악을 쓸어내고
산하의 자주권을 회복케 해주소서라고.
대각(臺閣)의 여러 관료들은 모두가 준걸하고
전장제도는 백 퍼센트 완전하네.
한양성의 봄 좋은 날에
태극기 바람에 휘날리며 다 같이 개선하세.
「축 대한민국 2년 원조(祝大韓民國二年元朝)」[65]

동농이 시조와 서예에 남다른 재능을 갖고 있다는 것은 임시정부 요인 모두가 알고 있었다. 대표적으로 1919년 박은식과 1921년 손병희에게 헌사한 회갑 축시가 있다.

공명정대한 가슴에 비단 같은 간장(肝腸)을 품었고
동서남북 뛰어 다니며 풍상(風霜)에 배불렀네.
모아 엮은 통사(痛史)는 심혈을 토하였고
신문지상에는 옳은 말만 쏟아 냈네.
물에 뜬 마름같이 7천여 리에 남긴 자취는

---

65) 김위현, 『동농 김가진전』, 345~346쪽, 학민사, 2009

진주꽃 같은 육십 한 해 봄이 빛나는 구려.
연회석에 가득 찬 동지 현명함이여
일제히 선생을 축하하는 잔을 들었다오.
「박은식육십일초도(朴殷植六十一初度)」[66]

단군님 국조(國祖)가 오래도록 멸망되지 않고
호서(湖西)에 위대한 현자를 내리셨네.
신을 기르는 천도교
땅에서 행해지는 신선은 가벼이 여기었네.
창의(倡義)하여 나라의 원수를 갚았으니
그 공적은 독립선언으로 높아졌도다.
선비가 당당히 죽음도 불사하여
적대하기 3년이 되었소.
이 날 그대의 회갑을 맞이하니
우리들은 경사로운 연회를 꾸미었도다.
술독은 초강(楚江) 위에 있으나
멀리 한성(漢城)에서도 의암의 수(壽)를 비네.
성대한 이 연회를 글로써 기술하고
기이한 이 유희를 그림 그려 전하겠네.
같이 취하여 희롱함을 웃고
다른 산천이 움직임을 기뻐하는구나.

---

66) 김위현, 『동농 김가진전』 348쪽, 학민사, 2009.

대업(大業)을 이루기 어려움을 알았고
늙어 건전함이 다행이구려.
그대가 장수를 누리기 빌며
시종을 같이 하여 조선을 다시 이룩합시다.
「손의암육십일세초도(孫義庵六十一歲初度)」[67]

그의 시작(詩作)은 그가 영면에 드는 1922년까지 계속되었다. 한평생 시를 지은 셈이었다. 1922년 궁핍한 환경에서도 독립에 대한 열망을 포기하지 않았음을 그의 시가 보여준다.

독립 선언한 것이 어제 같은데 오늘 아침 또다시 4주년을 맞네.
거친 곳에 숨어서 어찌 모두 살아남기를 바라랴.
옥에서 나와 깨부수지 못한 것이 부끄럽네.
원수를 잠시 잊었으나 끝내는 다시 그 생각이 살아나서
세상이 어려워지면 스스로 돌아오기를 강력히 촉구할 것이다.

원컨대 우리 민족이 더욱 단결하여
하루빨리 전쟁에서 벗어난 산하를 보게 되기를
「사회독립선언일(四回獨立宣言日)」[68]

---

67) 김위현, 『동농 김가진전』 349~350쪽, 학민사, 2009
68) 김위현, 『동농 김가진전』 350~351쪽, 학민사, 2009

김가진이 상하이로 망명한 다음 해인 1920년 3월 1일, 대한민국임시정부는 그를 국로(國老)로 모시고 3·1절 1주년 기념식을 개최했다. 단상에서 기념식을 지켜보던 김가진은 눈물을 멈추지 못했다. 다음은 임시정부 기관지 「독립신문」에 실린 기념식 기사다.

그날 '700명 대한의 자녀'가 상하이 정안사로(靜安寺路) 올림픽 대극장에 모여 문자 그대로 피눈물을 뿌리며 감격적인 기념식을 가졌다. 그날 무대의 장식은 극히 숭엄했다고 한다. 무대의 중앙에 태극기를 교차해서 걸어놓았고, 태극기 위에는 붉은 비단에 금으로 '독립만세'라고 쓴 글씨를 걸었다. 무대의 동쪽에는 한국, 영국, 미국의 깃발이, 서쪽 끝에는 한국, 중국, 프랑스의 국기를 각각 삼각으로 교차시켜 걸어놓았다. 이 무대의 서쪽 문으로 임시정부의 이동휘 국무총리를 선두로 이동녕 내무총장, 신규식 법무총장이 입장하고 그 뒤에 김가진이 들어왔다. 김가진의 뒤를 이어 이시영 재무총장, 뒤에 임시정부의 임시 대통령을 지낸 역사학자 박은식, 손정도 의정원의장, 그리고 현순 목사가 들어와 동쪽과 서쪽으로 나누어 팔자 모양으로 자리에 앉았다. 상하이의 대한민단 단장 여운형이 개식을 선언하자 모두들 애국가를 부르는 가운데 이날 행사의 하이라이트인 대형 태극기의 게양이 시작되었다. 단상에 포진한 임시정부 국무위원들과 김가진, 박은식 두 국로(國老)가 줄을 당겼고, 김원경, 안정근, 이광수, 신익희, 선우혁 등 각 단체 대표들이 태극기를 받들었다. 애국가 소리가 울려 퍼지는 가운데 태극기가 서서히 모습을 드러내기 시작했다. 처음에는 태극기의 끝이 보이고 곧 궤가 보이고 태극이 모습을 드러내기 시작하자 애국가 소리는 울음이 섞이기 시작했고 노래를 부르는 모든 사람의 뺨에는 뜨거운 눈물이 흐르기 시작했다.[69]

---

69) 「上海三一節」, 「독립신문」 1920년 3월 4일(한홍구 풀어씀)

대한민국임시정부 3·1독립선언 2주년 기념행사(1921년)
정면 단상 왼쪽부터 신규식 · ○ · 박은식 · 김가진 · 김병조 · 이승만 · 장붕 · 이동녕 · 안창호 · ○ · 손정도 · ○

위 사진을 확대한 사진으로 원안 인물이 김가진

6장

북로군정서 고문 김가진의 서거

6장
북로군정서 고문 김가진의 서거

　대한민국임시정부와 조선민족대동단은 상하이에서 재정적 어려움을 겪고 있었다. 상하이에는 한인들의 물적 토대가 거의 없었기 때문에 현지에서 재정을 충당하는 것은 어려운 일이었다. 따라서 주로 국내의 모금으로 재정을 충당해야 했다. 일제도 이를 잘 알고 있었다. 일제는 단동역을 주시하여 1920년 7월 이륭양행의 조지 쇼를 체포하고 교통국을 급습했다. 일제가 탄압을 강화하면서 임시정부와 대동단의 활동은 위축될 수밖에 없었고, 재정은 더욱 악화됐다.

　이러한 상황을 타개하기 위해 대동단은 김가진과 그의 아들 김의한, 나창헌을 중심으로 재건을 꾀했지만, 제2 만세시위로 많은 단원이 또다시 체포되어 어려움이 더해졌다.

　교통국이 파괴된 이후에 국내 잠입은 더 어렵고 위험해졌다. 시아버지와 임정 요인들이 당장 끼니도 잇지 못할 지경에 이르자, 동농의 며느리 정정화는 독립자금을 마련하기 위해 교통국 도움 없이 홀로 국내에 들어오다가 체포되고 만다. 이미 이전부터 수차례 국내에 들어와 독립자금 모금 활동을 했던 정정화는 결국 일제의 감시망에 걸려든 것이다.[70]

대한민국임시정부 수립 당시 내부에는 크게 세 가지의 독립운동 노선이 존재했다. 이승만으로 상징되는 미국 중시 외교론, 안창호가 주창한 실력양성의 자강론 그리고 연해주와 만주를 활동무대로 하는 무장투쟁 노선이 그것이었다.

대한민국임시정부 수립 당시 가장 큰 영향력을 발휘했던 노선은 외교론이었다. 파리강화회의와 월슨의 민족자결주의의 여파였다.

무장투쟁 노선이 힘을 얻으면서, 임시정부 내부의 복잡다단한 흐름들을 주시하던 김가진은 독립군에 합류해 만주에 뼈를 묻겠다고 생각하게 된다. 대동단은 이미 1919년 11월의 제2 독립선언서에서 "최후 1인까지 최대의 성의와 최대의 노력으로 혈전을 불사(不辭)하겠다"라고 선언한 바 있다. 김가진은 일가인 만주의 북로군정서 총사령 김좌진과 연락을 취했다.

김좌진은 오늘날 가장 유명한 독립투사 중 한 명으로 알려져 있다. 그는 1905년 육군무관학교에 입학, 이후 안창호와 함께 서북학회[71]를

---

70) 정정화의 체포 전말은 『장강일기』 75~82쪽에 자세히 나와 있다.
71) 1908년 서북지역 출신자들이 서울에서 조직했던 애국계몽단체. 이동휘, 안창호, 박은식, 이갑, 유동열, 최재학 등이 주축이 된 서북학회는 실력양성을 목표로 교육활동, 회보 발간 등의 활동을 했다.

세우고 오성학교[72]의 교감이 되었다. 1911년 북간도에 독립군사학교 설립을 위한 자금조달을 하다 일제에 체포되어 서대문형무소에 투옥되기도 했다. 1918년 만주로 건너간 그는 최초의 독립선언문인 대한독립선언(무오독립선언)[73]의 민족지도자 39명 중 한 사람이 된다.

이후 김좌진은 대한정의단의 군사 책임을 맡는데, 1919년 대한민국 임시정부의 권고를 받고 조직명을 북로군정서(北路軍政署)[74]로 개칭한다. 김좌진은 북로군정서의 총사령관이 되어 항일투쟁에 전념했다.

김가진은 북로군정서 고문으로 추대되었으나 만주로 떠날 수가 없었다. 어느덧 망명 4년째, 노쇠해질 대로 노쇠해진 육신이 그의 발목을 잡았다. 여비를 마련할 방도도 없었다. 며느리 정정화가 적은 『장강일기』를 보면 형편이 얼마나 어려웠는지 알 수 있다.

"상해에서의 부자 두 분의 생활 형편은 그야말로 애옥살이였

---

72) 서북학회가 설립한 학교로 설립 당시 학교명은 서북협성학교였다. 애국계몽운동을 위한 교사 양성에 주력하였다.
73) 1918년 음력 11월 중국 길림성에서 만주와 러시아 지역의 항일 독립운동지도자 39명이 제1차 세계대전 종전에 맞춰 조국 독립을 요구한 선언서다. 선언서는 조소앙이 기초하고 박은식 등 독립운동가 39명이 서명했다. 서명자 39명은 김교헌, 김규식, 김동삼, 김약연, 김좌진, 김학만, 여준, 유동열, 이광, 이대위, 이동녕, 이동휘, 이범윤, 이봉우, 이상룡, 이세영, 이승만, 이시영, 이종탁, 이탁, 문창범, 박성태, 박용만, 박은식, 박찬익, 손일민, 신규식, 신채호, 안정근, 안창호, 임방, 윤세복, 조용은, 조욱, 정재관, 최병학, 한흥, 허혁, 황상규다. 대한독립선언은 2·8독립선언과 3·1운동의 기폭제가 되었다. 또한 이 선언을 주도했던 독립운동가들은 3·1운동 이후 대한민국임시정부 수립의 주축이 되었다.
74) 3·1운동 이후 만주 왕청현(汪淸縣)에서 조직된 무장독립운동 단체로 총사령관은 김좌진이다. 대한민국임시정부와 연결하여 군사를 양성하고 이를 바탕으로 청산리에서 일본군과 교전하여 큰 전과를 올렸다(청산리대첩). 그 후 일본군을 피해 러시아로 이동하였으나 소련 정부의 탄압으로 해체되고 말았다.

다. 당시 중국에는 빠우판(包飯)이라고 해서 하루 세끼를 배달해 주고 한 달 계산으로 장기간 식사를 대주는 것이 있었는데, 두 분이 달리 손을 쓸 수도 없었기 때문에 그 빠우판으로 끼니를 때우고 있었다. 내가 하나둘씩 살림을 챙기게 되면서 조석으로 시아버님과 성엄의 뒷바라지를 할 수 있었으나 임시정부에 몸담고 있던 다른 분들과 마찬가지로 생활은 늘 쪼들리는 형편이었다." [75]

끼니를 때우는 것도 넉넉지 않다 보니 건강에도 문제가 생겼다. 동농은 자신의 병세를 글로 적었는데, 그 내용은 다음과 같다.

"본인이 금년 76세이다. 재작년 9월부터 상해에 도착하였는데, 마침 엄동이라 한국인은 온돌에서 생장한 몸인데 갑자기 냉방에 바람이 새어드는 집에 기거하게 되었으니 추위가 뼛속까지 스며들어서 가장 견디기 어려운 것이었다. 넓적다리와 무릎에서 발목과 발에 이르는 곳이 가장 심하였다. 어찌할 수가 없어서 참고 참아왔다.
작년 봄 이후 점점 양 무릎에서 발목과 발까지 전부 마비 증세를 느꼈고, 또 부종(浮腫)이 팽창하여 몇 차례나 아래까지 이르렀으나 다만 통증은 없었다. 이미 처방과 같이 약을 지어 복용하였으나 효험을 보지 못하였다. 사람들이 모두 말하기를 이

---

75) 정정화, 『장강일기』 52쪽, 학민사, 1998

런 병증에 가장 피해야 하는 것이 흰 쌀밥을 먹는 것이라 하였다. 그래서 지난 가을 이래 붉은 팥밥을 오늘까지 먹어왔다. 지난 겨울 방에 난로를 때고 두꺼운 비단옷을 입었으나 추위는 비교적 더하였다. 금년 봄 이래 부종이 점차 줄어들었으나 현재 아직도 두 가지 증세가 남아있다. 하나는 무릎 밑에서 정강이와 손발이 가끔 근육이 굳어져서 끌어당기는 것이 근육을 쥐어트는 것 같음이 근래에 심해졌다. 다른 사람에게 기가 질리게 하여 같이 있을 수 없을 정도였다.

또 하나는 이 병이 발생한 이래 두 다리 아래가 힘도 기력도 없어서 피와 살이 아니 붙은 듯하여 한쪽 발을 옮기는 데도 마음대로 할 수 없어서 오랫동안 방안에만 칩거하고 있어서 기혈(氣血)이 모자라기 때문일 것이다.

요행히 이 두 가지 증상에 대하여 신방(神方)을 내어주셔서 완인(完人)이 되게 하여 주시길 간곡히 기도합니다."[76]

만주행이 무산되고 나서부터 김가진은 눈에 띄게 쇠약해졌다. 병마와 굶주림이 낙심한 그의 늙은 육신을 사정없이 할퀴고 들었다. 며느리 정정화는 시아버지를 살리기 위해 홀로 압록강을 건넜다. 정정화가 일경에 붙들린 게 이때였다.

1922년 7월 4일 오후 10시, 대한민국임시정부 고문이자 북로군정서 고문 동농 김가진은 영면에 들었다. 망명길에 오른 지 3년 만이었

---

[76] 김위현, 『동농 김가진전』, 356~357쪽, 학민사, 2009

다. 이동녕, 조소앙, 이필규 등 임정 요인들과 아들 김의한과 우승규가 임종을 지켰다. 대한민국임시정부는 「독립신문」 1922년 7월 8일자 1면에 부고를 싣고, 3면 톱기사로 그의 죽음을 애도했다.

> "동농선생 김가진 씨는 우리 구한(舊韓)시대의 대관(大官)으로 내정개혁과 외교에 힘씀이 컸고, 3·1독립운동 때에는 다수 지사(志士)와 연락해 도왔으며, 임시정부가 수립된 뒤에는 광복사업에 남은 목숨을 바칠 각오로 상해에 도착하니 우리 동포가 성심으로 환영했던 바이라. 씨(김가진)가 조국독립을 꿈꾸며 망명했다가 온갖 곤란을 겪고 중도에 돌아가시매 우리 동포가 통곡 애도함은 실로 형언하기 어려운 바로다."[77]

김가진의 서거 다음 날인 5일에는 이시영, 윤기섭, 홍진, 정영준, 장붕 내외, 조완, 김인전, 김철, 이발, 나용균, 박시창, 조완구, 김현성, 조중구 부인, 오영선, 이창욱, 신익희, 변지명, 이유필, 김태준, 손정도, 조동호, 김홍서, 김규식, 윤성강, 신숙, 양제시, 서병호, 민충식, 장득우, 민제호, 윤해, 안정근, 한진교, 남상규, 안창호, 양기하, 김상옥, 김원식, 이규정, 민제호의 어머니, 최기훈, 이필규의 어머니, 김남식, 연병환 부인, 백순, 여운형, 김구, 신영덕, 양길환, 김복형, 연병호, 손효식 등과 사촌 동생 김덕진, 인척 김시현 등이 문상을 왔다.

7월 6일에는 박은식, 현순, 최창식, 옥관빈, 양헌, 선우훈, 김원경,

---

[77] 「독립신문」, 1922년 7월 8일자 3면

김성만, 김구 부인, 이용환, 민필호, 김현구, 이강희, 이병주, 김병조, 김홍식, 김보연 등이 문상을 왔다.

7월 7일에는 최호, 박용각, 조상섭, 박용철, 진희창, 최일, 이주만, 차리석, 김영희, 한태규 등이 문상을 왔다.

7월 8일에는 원세훈, 정유린, 이탁, 김무동, 왕중렬, 김승학, 김문세, 장건상, 손두환, 류진호, 오억, 배병산, 배병헌, 김종곤, 임아, 배길순 여사가 문상을 왔다.[78]

대한민국임시정부 주요 요인들과 조선민족대동단 단원을 비롯해 많은 교민이 찾아왔다. 특히 김구 부부는 따로따로 문상을 왔을 뿐 아니라 부의금도 상당한 금액인 15원이나 내놓는 등 특별한 관심을 보였다.

7월 8일, 동농 김가진의 유해는 상하이 홍교로(虹橋路) 만국공묘(萬國公墓)에 누웠다. 박은식, 이동녕, 이시영, 홍진, 김인전, 김철 등 임정 요인 7인이 공동명의로 대한민국임시정부를 대표해 부고를 냈고, 호상은 노인동맹단의 이발(李撥)이 맡았다. 노인동맹단은 총독 사이토 마코토에게 폭탄을 던진 강우규 의사가 가담했던 조직이다.

상하이 대한교민단장인 김철은 다음과 같은 통지서를 교민들에게 보냈다.

〈통지서〉

동농 김가진 선생의 장례를 본월 팔일에 서가회(徐家匯) 서수

---

[78] 김위현, 『동농 김가진전』 360~361쪽, 학민사, 2009

(西首) 홍교로(虹橋路) 섬로원(纖路園) 만국공동묘지(萬國共同墓地)에서 거행할 터인 바 동일 하오 두시에서 자택에서 발인 하갓삽기 이에 통지하나이다.

대한민국 4년 7월 7일
상하이대한교민단장 김철(金澈) [79]

장례식은 임정 주석 홍진의 개식사로 시작되어, 대한협회 회장 때 비서를 지낸 조완구가 그의 생애를 소개하고, 이발과 안창호가 추도사를 올렸다. 동농 김가진의 장례는 사실상의 대한민국임시정부장, 즉 국장으로 치러졌다. 동농이 눈을 감을 무렵 임정의 재정 형편은 최악이었으나, 대한민국임시정부는 최선을 다해 국로의 가는 길을 모셨다. 봉분과 비석도 정성껏 꾸몄는데, 이것이 훗날 문화혁명 때 홍위병들의 표적이 되어 동농의 무덤은 훼손당했다.

동농의 부음 소식은 상하이를 넘어 국내에도 전해졌다. 동아일보와 조선일보를 통해 소식이 전달되자 국내에서는 유림연합대회가 주관하여 국내에서 장례를 치렀다. 서울 외에 하동, 예산, 여주, 청양, 보은, 원주, 양양, 익산, 광주, 홍성, 양주, 아산, 공주, 천안, 연백, 대전, 고양, 장성 등 전국 각지에서 많은 조문객이 찾아왔다.[80] 동농의 서거는 국내에서도 큰 소식이었다. 동아일보는 동농의 서거에 대

---

79) 김위현, 『동농 김가진전』 363쪽, 학민사, 2009
80) 김위현, 『동농 김가진전』 364쪽, 학민사, 2009

해 다음과 같이 보도했다.

대동단 총재로 4년 이래 상해에 체류 중이던 김가진 씨는 기간 신병으로 치료 중이더니 마침내 4일 오후 10시에 별세하였더라.

독립운동 수령 중의 최고령, 상해 망명 중의 비참한 생활

영원히 눈을 감지 못할 원한을 품고 만리타향의 망명생활 중에서 이 세상을 떠난 동농 김가진 씨는 개국 455년에 낫슴으로 금년 77세의 노인이라 경성에 성장하여 어렸을 때부터 글과 글씨에 재주가 있었는데 특별히 글씨에 능란하였음은 세상 사람이 널리 아는 바이라 일찍이 환로(宦路)에 나와 다수한 영직을 지내였는데 그 중에 일본공사, 농상공부대신, 중추원 의장 등이 현저한 것이라 관리에 종사한 지 삼십여 년 동안에 별로 위대한 공로는 없었으나 또한 정계에 유수한 인물로 주의되였으며 무신년에 해아사건(헤이그 특사 파견; 海牙事件) 이 일어난 뒤를 따라 민간으로부터 활동하고자 대한협회의 회장이 되었으나 일한합병(한일강제병합)과 동시에 대한협회도 해산한 후에는 일체의 관직을 사양하고 한가히 세월을 기다리다가 3년 전 3월에 독립만세를 부르짖는 소리가 13도의 산하를 울리며 세계의 대세가 크게 변함을 보고 당시 독립운동의 유력한 단체로 일어나는 대동단(大同團)의 총재가 되어 70여 세의 늙은 몸을 이끌고 비밀히 국경을 넘어 상해에 이르렀는데 그 후에 대동단에서 매일 힘을 써서 비밀히 주선하여 놓은 이강 공 전하의 상해 행차가 거의 성공할 지경에서 여지없는 실패를 당하여 전협 및 일파의 주요한 단원이 모두 체포되어 조선 안의 활동은 필경 여의치 못하였으나 김 씨는 오히려 상해에서 수백의 동지를 모아 임시정부의 별동대로 독립운동에 노력하였나니 일한합병 당시 귀족의 작위를 받은 자로 조선 안에서 독립을 주장한 사람은 김윤식, 이용직 양 씨가 있었으나 해외에 나가 위험을 무릅쓰고 활동한 사람은 오직 혼자이며 해외에 있는 독립운동의 수령으로는 가장 연고한 사람으로 조선 독립을 뜻하는 사람에게 공경을 받았으며 상해에 건너간 이후의 고생은 거의 극도에 이르러, 팔십의 나이에 하루 한 끼를 제대로 먹지 못하다 가히 기한이 도골[81]한 중에서 이 세상을 마쳤더라.[82] (부록5 참조)

---

81) 기한도골(飢寒到骨) : 배고픔과 추위가 뼛속까지 이른다는 뜻
82) 「김가진 씨 장서(長逝) 4일 오후 10시 상해에서」, 「동아일보」 1922년 7월 7일

동농의 장례식

만국공묘에 안장된 동농 김가진 묘
(동농의 묘는 문화혁명 때 파괴되어 현재 남아있지 않음)

7장

'친고종 개화파 외교관'에서
항일 독립운동가로

7장
'친고종 개화파 외교관'에서 항일 독립운동가로

동농 김가진은 1846년 2월 25일에 태어났다. 그가 태어나기 6년 전 중국에서는 아편전쟁이 벌어졌다. 세상의 중심이라고 스스로 믿었던 중국, 즉 청나라는 지구 반대편 작은 섬나라 영국에 참패했다. 조선도 이 사실을 알고 있었지만, 애써 외면하며 안으로 웅크렸다.

김가진은 어릴 때부터 언어에 특출난 소질이 있었다. 김위현 교수의 『동농 김가진전』에 따르면, 김가진은 세 살에 글자를 알아보고, 다섯 살이 되어서는 한학을 배우기 시작했다고 한다.[83] 일찍부터 한문과 서예에 탁월한 재능을 보여 신동이라고 불렸다.

부친 김응균은 철종 때 공조판서와 형조판서를 역임하고 고종 즉위

---

83) 김위현, 『동농 김가진전』, 2쪽, 학민사, 2009

년에는 의정부 우참찬에 임명됐다. 그리고 1865년(고종 2년) 부친이 예조판서로 임명되면서 당시 20세였던 김가진은 국제관계에 눈을 뜨기 시작했다. 예조는 의전과 외교를 관장하는 부서다. 김가진은 외국어의 중요성을 절실히 느꼈다.

고종이 즉위하기 전부터 동북아시아에는 격랑이 불어 닥쳤다. 2차 아편전쟁(1856~1860)에서 또 한 번 굴욕을 맛본 청나라는 양무운동(1861)으로 근대화에 나섰다. 한편 페리 함대의 압박에 못 이겨 1854년 미국과 미일화친조약을 맺으며 강제로 문호를 개방했던 일본은 1868년 메이지유신으로 근대국가 이행을 시도하고 있었다.

조선의 경우 1832년 영국 상선 암허스트호가 통상을 요구해왔고, 1866년 병인양요, 1871년 신미양요 등 이양선(異樣船)이 출몰하면서 서양 열강과 분쟁이 끊이지 않았다. 동북아 전체가 격랑의 소용돌이에 휩쓸렸고, 그 한복판에 조선, 즉 한반도가 있었다.

예조판서였던 부친을 보며 해외를 아는 사람만이 이 시대에서 실력을 인정받을 수 있다는 생각을 확고히 하게 되었다. 그의 장점은 특출난 언어 실력을 바탕으로 세상이 돌아가는 흐름을 이해하는 통찰력이었다.

그는 적서를 타파하고 인재를 등용해야 한다는 상소를 올렸다. 이 상소가 주목받게 되는 1877년, 동농은 규장각 검서관으로 첫 관직 생활을 시작한다. 직전 해인 1876년에는 강화도조약이 체결됐다. 동농은 일본을 알아야겠다고 마음먹었다.

조선은 1876년 강화도조약을 시작으로 1882년에는 미국과 조미수호통상조약을 맺게 된다. 김가진은 임오군란(1882년)으로 관직에 날

개를 달기 시작한다. 임오군란은 잘 알려진 것처럼 외척인 민씨 일당의 부패가 조선 구식 군대의 봉급에까지 퍼져 폭발한 사건이었다. 군졸들은 봉급으로 받은 쌀에 모래가 절반 이상 섞인 것을 보고 격분해 민씨 일족들과 일본공사관을 습격했다.

이때 일본군 10여 명이 피살됐고, 일본은 이를 빌미 삼아 조선에 불평등한 제물포조약 체결을 강요했다. 1882년 제물포에서 회담이 열릴 때 조선에서는 대표로 김홍집을 보냈지만, 실무를 담당할 인재가 없었다. 실무자는 당연히 일어에 능통해야 했다. 조정에서는 그 적임자로 기기국 총판 동농을 낙점하고, 개항 실무를 담당할 주사로 발령을 내렸다.

이때부터 동농 김가진은 인천에 머물며 조선의 사실상 최초의 근대적 외교관으로서 일하게 된다. 1883년 10월에는 영국·독일과 통상조약을 맺고, 12월에는 부평구에 기연해방영(畿沿海防營)을 설치해 외국 선박의 침범을 사전에 방지하도록 했다. 1884년 3월에는 청나라와 인천구청상지계장정(仁川口淸商地界章程)을 체결해, 청나라 상인들과 인천의 조선인들과의 경계를 나눠 마찰을 줄였다. 동농은 이 장정 체결에 주도적 역할을 수행했다.

동농은 1884년 이탈리아와 맺은 조이수호통상조약의 실무 역할을 맡는 등 갑신년 전후 2년 동안 대외관계 실무로 눈코 뜰 새 없이 바쁘게 보냈다. 만일 동농 김가진이 서울에 있었다면 아마도 우정국 사건이나 삼일천하 갑신정변의 회오리바람에 휩쓸렸을지도 모른다. 불행 중 다행으로 동농은 인천에서 외교 실무에 매달려 있던 덕분에 화를 면할 수 있었다.

1884년 12월 4일 우정국 사건과 뒤이은 갑신정변은 김옥균을 중심으로 박영효, 서광범, 홍영식, 서재필 등이 우정국 개소식에서 이른바 '사대당'을 일본 병력을 빌려 숙청하려고 했던 사건이다.

그러나 3일 후 12월 6일 위안스카이(袁世凱)가 이끄는 청군 2천 명이 창덕궁 일대에서 고종을 호위 중인 일본군과 전투를 벌여 일본군이 패퇴함으로써 갑신정변은 끝나고 만다. 이에 김옥균, 박영효, 서재필은 일본군을 따라 일본공사관으로 피했고, 고종을 모시고 있던 홍영식, 박영교(박영효의 형) 등은 청군에 피살당했다.

동농은 정변의 주역인 김옥균과는 친척이었고, 박영효, 서재필과도 각별한 사이였다. 갑신정변은 애꿎은 인재들을 다수 희생시켰다. 김가진의 벗이었던 이조연도 그 가운데 한 명이었다. 이조연은 김옥균 등과 박규수 밑에서 공부한 동문이었음에도, 민비의 측근이었기 때문에 '사대당'으로 몰려 살해당했다. 고종으로서는 유능하고 충직한 신하가 아쉬웠을 것이다.

김가진은 개항 실무를 깔끔하게 처리해 고종의 눈에 들기 시작했다. 갑신정변 다음 해인 1885년 6월, 고종은 김가진을 내무부 주사에 임명하고, 대궐로 불러들여 앞으로 해야 할 일을 물었다.

> "그중 가장 고종의 관심을 끈 것은 전보총사(電報總司) 설치였다. 그리하여 전보총사가 설치되었고, 또 전보학(電報學)에 최우수 요원을 선발, 그들로 하여금 각국의 전보사무규정을 모아 차례로 전선을 가설하여 드디어 만국과 통신하게 되었다. 우리나라 전신이 가설된 것은 이것이 처음이었다. 이러한

공으로 우정사(郵政司) 총판(總辦)으로 임명되어 교통, 체신사무를 총괄하기도 하였다."[84]

김가진은 서양 문물에 밝았다. 자신의 재주를 팔아 세도가들에게 줄을 서려 하지도 않았다. 그런 그가 미더웠던 고종은 내무부 주사를 맡긴 지 석 달만에 정5품 형조정랑(刑曹正郎)을 겸임하도록 했다.

조선시대에는 과거에 급제하지 않으면 높은 관직을 맡을 수 없었다. 만 40세인 김가진은 과거에 급제하면서 탄탄대로를 걷게 된다. 고종은 동농 김가진을 수시로 불러 나라를 부강하게 만들 길을 물었고, 드러나게 처리하기 곤란한 밀명을 연달아 맡겼다.

갑신정변 직후 조선왕조는 청나라의 손아귀에 있었고, 청군 사령관 위안스카이는 총독처럼 굴었다. 고종은 러시아의 힘을 빌려 청나라의 간섭을 줄이고자, 베베르 러시아공사에게 김가진을 밀사로 보냈다. 위안스카이나 민씨들에게 들키면 목이 달아날 위험천만한 임무였다.

김가진은 대궐 곳곳에 첩자들이 숨어 있다는 것을 알고 있었다. 아니나 다를까, 고종의 몸부림은 민씨들에게 발각되고 말았고, 격노한 위안스카이는 고종에게 달려가 폐위를 입에 담으며 밀사 김가진을 처형하라고 펄펄 뛰었다. 이것이 제2차 한러밀약 사건이다.

고종이 애써 무마해준 덕분에 목숨을 겨우 건진 김가진은 남원으로 귀양을 떠났고, 사건 당사국인 러시아가 청나라에 항의해 풀려날 수

---

84) 김위현, 「동농 김가진전」 125쪽, 학민사, 2009

있었다. 이 사건은 외교적으로 보자면 '해프닝'으로 끝났지만, 이로써 고종과 김가진의 군신 의리는 도타워졌을 것이다.

분이 풀리지 않은 청나라는 러시아와 밀약을 해명하라고 줄기차게 요구했다. 해명할 사절을 보내기는 해야 할 텐데, 믿고 보낼 신하는 한 명뿐이었다. 고종은 귀양에서 막 풀려난 김가진을 불렀고, 그는 군말 없이 왕명을 받들어 호랑이굴로 들어갔다. 이것이 동농 김가진이 주차청국천진주재종사관(駐箚淸國天津駐在從事官)에 임명돼 중국 천진으로 향한 사연이다. 김가진의 외교관으로서 첫 번째 부임지는 사지나 다름없었다. 동농은 거침없는 언변과 화술로 청나라 대신들 설득에 성공하고, 배짱도 좋게 양무운동 현장까지 둘러보고 귀국했다.

동농 김가진은 청나라가 사실상 종이호랑이로 전락했다는 것을 알게 되었다. 서방 제국주의 세력에 대항할 힘이 없다는 것을 피부로 느끼게 되었다. 더구나 청나라는 전통적 사고를 버리지 못하고 기존 제도를 고수하는 분위기였다. 동농은 청의 미래에 회의적이었다. 그리 본받을 만한 나라가 아니라고 생각했다. 특히 동농은 관료들과 도시의 소시민 그리고 소작농의 생활에 대해 깊은 관심을 가졌을 뿐만 아니라 중국을 침범한 서구 열강에 대해서도 어느 정도 알게 되었다.

무사히 돌아온 것만으로도 다행인데, 청나라와 외교적 마찰을 해결한 데 더해 평소 궁금했던 청나라 내부의 구체적인 정보까지 보고하니, 고종의 마음은 흡족하기 이를 데 없었을 것이다. 너에게 외교를 맡기면 과인의 걱정이 없겠구나…. 마침내 고종은 김가진을 크게 쓰기로 결심했다.

고종은 떠오르는 일본에 공사관 개설을 결정하면서 누구를 보낼지 고심하게 된다. 당시 중국어를 하는 관리들은 있었지만, 일본어를 잘하는 관리들은 거의 없었다. 1887년 5월 일본 도쿄에 주일 조선공사관을 개설할 당시, 조정이 올린 참찬관 후보 명단에 김가진은 없었다. 고종은 김가진 이름 세 글자를 친히 적어넣고, 그를 주일 조선공사관 초대 참찬관에 임명했다.[85] 초대 공사는 민씨 집안의 민영준이었다. 고종은 주일공사 민영준과 참찬관 김가진에게 다음과 같은 훈유를 내린다.

1. 일본과 분규를 만들지 말고 친목, 호화를 도모하도록 하며, 만약에 분규가 일어나면 타협을 할 것
2. 본국 사정에 관계되는 사안은 즉시 보고할 것
3. 견문을 넓히고 두루 신문을 열람하여 일본정부와 인민들의 사정을 소상히 보고할 것
4. 일본주재 각국 사절들과 친밀하게 교유하여 각국 사정을 보고할 것[86]

특히 세 번째 '견문을 넓히고 두루 신문을 열람하여 일본 정부와 인민들의 사정을 소상히 보고할 것'에 주목하자. 그 임무를 완수하려면 일본어는 필수였다. 일본 정부와 인민들의 사정을 알기 위해서는 일

---

85) '대간의 전망 단자를 들이니, 장령 김가진을 더 써넣어 낙점하였다(臺諫前望單子入之, 掌令金嘉鎭, 添書落點).' 『승정원일기』, 고종 24년(1887) 5월 21일(정축)
86) 김위현, 『동농 김가진전』, 132쪽, 학민사, 2009

본의 고위층도 많이 만나야 했다. 동농은 고종의 훈유에 따라 시모노세키, 벳푸, 사세보 등 여러 곳을 다니게 된다.

네 번째 일본주재 각국 사절들과 친밀하게 교류하려면 영어도 필수였다.

외교보다 내정에 더 신경을 썼던 민영준은 부임 두 달만인 7월에 귀국하고, 김가진이 공사대리 그리고 10월 14일 2대 공사로 취임하게 된다. 고종은 동농에게 주일공사 민영준을 보좌하되, 공사가 잠시라도 자리를 비우거나 본국에 귀국할 때는 대신 직무를 수행하라는 밀명을 별도로 내린 바 있었다.

동농 김가진이 이끄는 주일 조선공사관의 임무는 청국의 간섭에서 벗어나 자주독립을 실현하고 부국강병을 이루는 것이었다. 김가진은 일본의 유력 정치인들과 인맥을 트고, 열강 외교관들에게 조선이 독립국임을 알렸다. 서양 문물을 흡수할 정보와 서적들을 본국에 보내고, 유학생들을 지원했으며, 일본 정부에 울릉도 나무를 멋대로 베어가던 일본인들에 대한 징계를 요구했다.

이렇게 고종의 훈유를 받든 동농은 1890년 귀국해 고종에게 그가 겪었던 것들, 보고 들은 것들을 상세하게 보고한다. 동농이 보고한 내용은 일본 주재 14개국 공사의 정보, 유럽 각국의 세력 정보, 오스트리아와의 통상조약에 관한 내용, 일본의 정치 동향, 일본의 지리 정보, 일왕가의 동향 등이었다.[87]

고종은 매우 만족했다. 그동안 청을 통해 간접적으로 들어야 했던

---

[87] 『승정원일기』, 고종 27년(1890) 1월 22일(계해)

정보들과 국내에서 얻을 수 있는 정보는 매우 한정적이었기 때문이다. 동농이 일본에 가서 현지어를 통해 현지의 동향을 파악해 보고한 정보는 고종의 가려운 곳을 긁어주었다.

이듬해 3월 고종은 동농을 안동부사로 임명하면서 5월에는 주차일본판사대신을 겸임하게 한다. 판사대신은 현재의 대사에 해당한다. 지방관에게 대사를 겸무하도록 했으니, 고종이 그를 얼마나 신임했는지 미루어 짐작할 수 있다. 그리고 고종은 조오수호조약에 관한 실무를 맡던 동농을 불러 같은 주제의 보고를 받았다.[88] 이제 동농은 고종에게는 단 한 명의 대일창구가 되었다.

"나는 운 좋게 김가진이라는 조선의 거물 정치인과 잘 알고 지냈는데, 실내에서 항상 말총 두건을 쓰고 있는 그의 모습을 그려주기도 했다. 그는 박학다식하고 재기가 출중했으며, 내가 만난 수많은 훌륭한 외교관들 중에서도 가장 뛰어난 외교관이었다. 아무리 애를 써도 그를 쩔쩔매게 할 수는 없었다. 질문에 대답하면서 그보다 더 예리하고 철저하게 준비하여 대응하는 사람을 나는 일찍이 본 적이 없다.

그는 한때 조선의 사절로 일본 막부(幕府)에 파견되었는데, 매우 짧은 시간에 일본어를 완벽하게 숙달했다. 그는 중국어에도 아주 능통했다. 나는 그가 쉽게 영어 단어를 암기하고 있다는 사실을 알았는데, 그는 공부를 시작한 지 며칠 되지도 않아

---

88) 『승정원일기』, 고종(1891) 9월 21일(임오)

아주 짧은 시간에 실제로 며칠 내에 영어를 이해하고 읽었을 뿐 아니라 어느 정도는 의사소통도 했다.
김가진은 다재다능할 뿐만 아니라 대단한 용기와 독립심을 가지고 있었기 때문에, 왕의 측근의 대부분의 간사하고 모함을 일삼는 관리들은 종종 그가 왕과 마찰을 일으키도록 유도했다. 그는 아직도 자신의 머리가 어깨 위에 붙어 있다는 사실이 매우 경이로운 일이라고 익살맞게 얘기했다. 그것은 너무나 당연했고, 다른 사람은 엄두도 못 낼 일이었다."[89]

조선이 개항하면서, 많은 수의 서양인들이 '합법적으로' 조선 땅을 밟았고, 이들에 의해 다수의 견문기가 쓰였다(이 기록들은 신복룡 전 건국대 석좌교수가 수집·정리해 〈한말 외국인 기록〉 시리즈로 펴낸 바 있다). 새비지-랜도어(Arnold H. Savage-Landor)는 영국인으로, 조선을 두 번 방문하고, 1895년 『Corea or Cho-sen:The Land of the Morning Calm』이라는 제목의 견문기를 썼다. 이 책에 동농 김가진이 등장하고, 그가 그린 동농의 초상화도 실려있다. 새비지-랜도어는 민영준을 비롯한 세도가들의 초상도 그려주었는데, 인물평이 아주 박하다. 동농만 예외였다. 세계를 주름잡던 '해가 지지 않는 제국' 영국인의 눈에도, 동농은 비범한 외교관으로 비쳤던 것 같다.

동농은 청의 손아귀에서 벗어나 자주적인 조선으로서, 각국과 교

---

89) 새비지-랜도어, 신복룡 역, 『고요한 아침의 나라 조선』 176~178쪽, 집문당, 1999

류하며 대등한 외교관계를 맺고자 했다. 당시 그가 만났던 러시아, 오스트리아, 영국, 미국, 프랑스, 청, 태국 등 각 자주 독립국 외교관들의 외교활동을 지켜보며 조선도 이들과 같은 대열에 있기를 희망했다. 그러기에 더욱 자주독립에 대한 열망이 높아졌다.

새비지-랜도어가 그린 동농 김가진 초상화

8장

갑오개혁과 광무개혁의 주역

8장
갑오개혁과 광무개혁의 주역

　1894년 갑오년은 격랑의 해였다. 동학민중항쟁이 들불처럼 전국으로 타올랐다. 그 계기는 가렴주구를 일삼던 전라북도 고부군수 조병갑에 대해 동학 농민들이 치켜든 저항의 횃불이었다. 이러한 현상은 고부군에만 있었던 것이 아니라 사실상 전국적인 상황이었다. 철종을 거치면서 부패는 갈수록 심해졌다. 1882년 임오군란이 도성의 군인과 일부 민중의 제한적 반란이었다면, 1894년의 동학민중항쟁은 전국적이고 전면적인 항쟁이었다.

　이 동학민중항쟁에 고종은 결정적 실수를 저질렀다. 민중과 함께 개혁에 나섰다면 조선은 튼튼한 나라가 되어 입헌군주제를 거쳐 공화정으로 나아갈 수도 있었겠지만, 청국 군대를 끌어들여 그 기회를 저버렸다. 신식무기로 무장한 일본군에 의해 동학민중항쟁은 짓밟히고, 청일전쟁으로 치닫게 된다.

 청군 병력은 일본군의 3배가 되었지만, 상대가 되지 못했다. 일본은 그 힘으로 조선의 내정개혁을 강압했다. 조선은 일제에 "군대를 철수하고 내정개혁에 대한 기한부 요구를 철회한다면 조선 정부는 반드시 개혁을 단행하여 일본 정부의 호의에 보답하겠다"는 입장을 밝혔다. 그러나 일제는 본질적으로 조선 정부의 개혁과 성장을 바란 것이 아니었다. 일제는 조선 정부의 제의를 일축했다. 그리고 7월 22일까지 청군을 패퇴시키고, 청과의 모든 조약을 폐기할 것을 강요했다.

 그리고 7월 23일 새벽 4시경, 일본군은 경복궁을 에워싸고 공격을 개시했다. 당시 경복궁의 수비는 국왕 호위대 50명, 청군 1,000명, 외곽에 조선 상비군 500명이 있었다. 그러나 일본군의 기습으로 청군은 맥없이 무너지고 마지막 50여 명이 목숨을 걸고 싸웠으나 돌아온 것은 죽음뿐이었다. 당시 한양도성은 총소리로 모두가 잠에서 깨어났다. 그리고 대궐이 일본군에 점령되었다는 것을 알게 됐다.

 캄캄한 새벽 4시에 동농은 집을 나섰다. 서울의 주요 거리와 성문은 피난민들로 아비규환이었다. 동농은 오로지 고종의 옥체를 보전해야 한다는 일념으로 경복궁을 향해 달려갔다. 광화문 앞에 서자 일본군들은 총검을 들이대고 "누구냐!"라고 위협했다. "나는 대조선국 통리교섭통상사무아문 외무협판, 전 주일본공사 김가진이다!" 김가진의 입에서 유창한 일본어가 흘러나오자, 일본군은 당황했다. "너희의 지휘관이 누구냐!"라고 동농이 호통을 치자 일본군 야마구치 게이조 소좌가 나타났다. 동농은 야마구치 소좌의 안내로 고종과 민비를 알현했다. 동농이 고종을 만나기 전 일본은 오오토리 케이스케 일본공사를 내세워 고종을 겁박하고 있었다. 친일본 내각 구성과 일본식 개혁에 착수하라는 것이었다. 고종은 사시나무 떨듯이 떨고 있었다. 고종은 목숨을 걸고 달려온 신하를 보자 안색을 되찾기 시작했다. 도성 안에서는 일본군과 조선군 간의 전투가 계속 벌어지고 있었다.

우선, 경복궁 내의 일본군을 철군시키는 것이 급선무였으므로 동농은 고종께 상주했다. "일본군이 함부로 궁궐에 들어왔으므로 물러나도록 하는 것이 좋을 듯합니다." 동농은 고종의 명을 받고 일본군을 물러나게 했다. 일본군도 주일공사를 지낸 동농의 말을 존중해 쉽게 타협하여 철수했다. 고종은 김가진에게 앞으로의 방도를 물었고, 개혁만이 나라를 살릴 수 있다는 그의 진언에 고개를 끄덕였다.

> "동농은 고종의 명을 받고 물러나와 그날로 시무(時務)를 아는 약간 인을 뽑아 군국기무처(軍國機務處)를 설치하였다. 동농은 각종 사안을 주선하느라 16일간 경회루(慶會樓)에서 눈 한번 붙이지 못하고 여러 의원(議員)들과 날마다 회의를 열어 폐정개혁(弊政改革)에 대한 의안을 결정하였다. 이 법이 경장인데, 조금조금 그 실마리를 풀어나간 것이 41일이나 걸렸다."[90]

동농은 유길준, 김학우, 안경수, 조희연 등 17명으로 군국기무처를 구성했다. 이들은 17일 동안 불철주야 208조의 개혁안을 기초한다. 이 208조의 개혁안이 바로 갑오개혁으로, 그 주창자는 동농 김가진

---

90) 김위현, 『동농 김가진전』 189쪽, 학민사, 2009

이었다. 갑오개혁의 주요 골자는 다음과 같다.

- 궁내부 설치와 관제 개편
- 신분제 폐지
- 과거 제도 폐지, 문벌 폐지
- 연좌제 폐지, 조혼 금지, 과부의 재가 허용
- 조세의 금납화, 도량형 통일, 은본위 화폐제 시행
- 경무청 설치[91]

---

91) 전문은 다음과 같다.
   1. 이제부터는 국내외의 공문서 및 사문서에 개국기년(開國紀年)을 쓴다.
   1. 청국(淸國)과의 조약을 개정(改正)하고 각국에 특명전권공사(特命全權公使)를 다시 파견한다.
   1. 문벌(門閥), 양반(兩班)과 상인(常人)들의 등급을 없애고 귀천(貴賤)에 관계없이 인재를 선발하여 등용한다.
   1. 문관과 무관의 높고 낮은 구별을 폐지하고 단지 품계(品階)만 따르며 서로 만나는 절차를 따로 정한다.
   1. 죄인 본인 외에 친족에게 연좌(緣坐) 형률을 일체 시행하지 않는다.
   1. 처와 첩(妾)에게 모두 아들이 없을 경우에만 양자(養子)를 세우도록 그전 규정을 거듭 밝힌다.
   1. 남녀간의 조혼(早婚)을 속히 엄금하며 남자는 20살, 여자는 16살 이상이라야 비로소 혼인을 허락한다.
   1. 과부(寡婦)가 재개(再嫁)하는 것은 귀천을 막론하고 자신의 의사대로 하게 한다.
   1. 공노비(公奴婢)와 사노비(私奴婢)에 관한 법을 일체 폐지하고 사람을 사고파는 일을 금지한다.
   1. 비록 평민이라도 나라에 이롭고 백성에게 편리한 의견을 제기할 것이 있으면 군국기무처(軍國機務處)에 글을 올려 회의에 붙인다.
   1. 각 관청의 조례(皂隷)들은 참작하여 더 두거나 줄인다.
   1. 조정 관리의 의복 제도는 임금을 뵐 때의 차림은 사모(紗帽)와 장복(章服), 품대(品帶)와 화자(靴子)로 하고 한가히 지낼 때의 사복(私服)은 칠립(漆笠), 탑호(搭護), 실띠로 하며 사인(士人)과 서인의 의복 제도는 칠립, 두루마기, 실띠로 하고 군사의 의복 제도는 근래의 규례를 따르되 장수와 군사의 차이를 두지 않는다.
   『고종실록』 권31, 1894.6.28)

이듬해 1월 7일(음력 12월 12일), 고종은 세자와 문무백관을 거느리고 나아가 '홍범14조'를 발표한다.

1. 청(淸)나라에 의존하는 생각을 끊어버리고 자주독립(自主獨立)의 터전을 튼튼히 세운다.
1. 왕실의 규범을 제정하여 왕위 계승 및 종친(宗親)과 외척(外戚)의 본분과 의리를 밝힌다.
1. 임금은 정전(正殿)에 나와서 시사(視事)를 보되 정무(政務)는 직접 대신(大臣)들과 의논하여 재결(裁決)하며 왕비나 후궁, 종친이나 외척은 정사에 관여하지 못한다.
1. 왕실에 관한 사무와 나라 정사에 관한 사무는 반드시 분리시키고 서로 뒤섞지 않는다.
1. 의정부(議政府)와 각 아문(衙門)의 직무와 권한을 명백히 제정한다.
1. 백성들이 내는 세금은 모두 법령(法令)으로 정한 비율에 의하고 함부로 명목을 더 만들어 불법적으로 징수할 수 없다.
1. 조세나 세금을 부과하는 것과 경비를 지출하는 것은 모두 탁지아문(度支衙門)에서 관할한다.
1. 왕실의 비용을 솔선하여 줄이고 절약함으로써 각 아문과 지방 관청의 모범이 되도록 한다.
1. 왕실 비용과 각 관청 비용은 1년 예산을 미리 정하여 재정 기초를 튼튼히 세운다.
1. 지방 관제를 빨리 개정하여 지방 관리의 직권을 제한한다.

1. 나라 안의 총명하고 재주 있는 젊은이들을 널리 파견하여 외국의 학문과 기술을 전습 받는다.
1. 장관(將官)을 교육하고 징병법(徵兵法)을 적용하여 군사 제도의 기초를 확정한다.
1. 민법(民法)과 형법(刑法)을 엄격하고 명백히 제정하여 함부로 감금하거나 징벌하지 못하게 하여 백성들의 생명과 재산을 보호한다.
1. 인재 등용에서 문벌에 구애되지 말고 관리들을 조정과 민간에서 널리 구함으로써 인재 등용의 길을 넓힌다.[92]

갑오개혁의 핵심은 노비제와 과거제 폐지였다. 갑오개혁의 주요 개혁 내용은 일제의 압박에 의해 이뤄진 것이긴 하나, 동학민중항쟁의 사회적 요구, 민심을 무마해야 한다는 왕실의 초조함과 동농 등을 중심으로 하는 개화파들의 요구가 혼합된 결과물이었다. 그리고 조선 건국 이래 지속된 전통적인 신분제 문제, 양반 특히 문관 중심의 사회질서를 제도적으로 변화시킨 근대적인 개혁이었다.

이 개혁에는 동농의 의지가 많이 반영되었다. 이후 동농은 확고하게 '친고종 개화파'의 입장에 서게 된다. 동농은 1894년 한 해에만 여러 벼슬을 거쳤다. 동농은 이조·병조 등을 옮겨가면서도 계속 외교통상 업무는 겸임해왔다. 외교통상 업무에서 타의 추종을 불허하는 그의 실력을 인정받았기 때문이다. 특히 중국어와 일본어를 모두 구

---

92) 『고종실록』 권32, 1894.12.12

사할 줄 아는 유일무이한 사람인데다 영국, 미국, 오스트리아, 이탈리아, 러시아 등 서양 여러 나라에 대해서도 동농만큼 아는 사람이 없었다.

예를 들면 1894년 7월 7일 이조참판에 제수되면서 동시에 협판교섭통상사무 등을 겸직하도록 명을 받거나 다음날 8일 병조참판, 7월 13일에는 공조판서에 임명되어도 외교통상 업무를 겸했다는 사실들은 그가 갑오개혁의 구심점이었다는 것을 잘 보여준다. 이듬해 1895년 4월 농상공부대신으로 임명됐다. 한 달 후 1895년 5월 14일 박영효의 국왕암살음모 사건이 일어나 곤경에 처하지만, 8월 일본주재 특명전권공사로 재임명되며 외교관으로서 독보적인 위치에 있는 인물임을 분명히 보여주었다. 다만 국내의 긴박한 정세 때문에 실제 부임하지는 않았다.

갑오개혁이 조선 자신의 개혁개방 의지보다 일본의 압박이 더 강하게 작용한 결과물이라면, 1897년에 시작한 광무개혁은 고종이 대한제국을 선포하고 황제가 되면서 스스로 실시한 자주적 성격의 개혁이었다. 이 광무개혁도 과거 갑오개혁을 주도했던 동농이 주도했다. 동농은 궁내부 특진관과 중추원 의장에 임명되어 황실 주도의 개혁인 광무개혁에 앞장섰다.

청일전쟁에서 청국이 참패하면서 조선은 사실상 중국으로부터 독립하게 된다. 조선은 러시아 세력이 새롭게 등장하면서 아관파천 같은 사건을 통해 잠시 러시아에 기댔지만, 미국 등 여러 나라의 압력으로 제국주의 국가 간 힘이 팽팽하게 맞서는 살얼음판 속에서 고종은 독립국 대한제국을 선언, 광무개혁을 단행하게 된다. 그 중심에 동농 김가진이 있었다.

광무개혁은 위로부터의 근대국가 제도 확립이었다. 그 핵심은 조세개혁과 토지개혁이었으며, 선진 문물을 받아들이는 은행 및 회사 설립, 전기·통신사업, 근대 학교의 설립, 기타 상공업을 발전시키는 데 주안점이 있었다.

그러나 조세개혁에는 많은 어려움이 따를 수밖에 없었고, 사실상 오랫동안 토지를 지배하고 있던 양반 기득권 지주들과의 마찰도 있었다. 동농은 국가가 공인한 인지를 통해 세수가 누출되는 것을 막고, 국가 재정을 확립하면서 인두세(人頭稅)보다는 근대적인 물세(物稅)를 중심으로 세제개혁을 강력하게 추진해 재정을 튼튼하게 하려고 했다. 특히 상공업을 증진하기 위한 물산장려를 적극적으로 추진하게 된다. 당연히 동농은 고종으로부터 농상공부대신과 임시 외부대신의 업무도 함께 명 받았으며, 1902년에는 법부대신으로서 법적, 제도적 장치를 마련하게 된다.

그리고 동농은 군비를 증강하여 근대적인 군대로 개혁을 시도했다. 군인을 늘리고 장비를 들이는 데에는 많은 예산이 필요했다. 이에 대해 동농은 다음과 같이 상소문을 올렸다.

> 요즘 보니 군대를 늘리는 것과 관련하여 예산 밖의 지출이 많게 되었습니다. 경비가 군색한 데 나라의 용도가 이처럼 방대하므로 타개할 대책을 세우지 않을 수 없게 되었습니다. 첫째로 세금을 추가해서 받아들일 것이며, 둘째로 시장 물건에 인지를 붙이는 것입니다. 결세는 나라의 정공(正供)인 만큼 그

법은 일정하여 털끝만치라도 변동할 수 없습니다. 돈으로 쌀을 대신하여 토지 1결(結)에 30냥씩 내는 것은 개혁 후의 새로운 법입니다. 처음에는 소요를 겪은 백성들의 심정을 생각하고 나라의 용도를 절약하여 공사가 모두 편리하였으나 지금에는 지출이 많고 수입이 적으며 쌀은 귀하고 돈은 천하므로 그 전에 바치던 쌀을 오늘 바치는 돈과 비교한다면 그 이해관계가 대단히 큽니다. 형편에 따라서 적당하게 조절하는 방도가 없으므로 세금을 더 거두어야 합니다. 인지는 사고 파는 표식이며 모든 나라에서 쓰고 있는데 유독 우리나라만 아직까지 사용하지 않고 있습니다. 만약 지금이라도 특별한 모양으로 만들어 위조를 방지하면서 물품 값에 따라 값을 정하고 이를 시행한다면 상인의 손해는 적고 나라에는 큰 이익을 줄 것입니다.[93]

광무개혁 때 동농은 여러 직책을 겸임했을 뿐만 아니라 궁내부 비원장까지도 함께 수행했다.

광무개혁은 대외적으로 독립국임을 선언했다. 이 역사가 바탕이 되어 제2차 세계대전 막바지 카이로 선언 때 전후 세계질서를 재편하는 데 한국이 독립국으로 인정받는 근거가 마련됐다.

연합국은 조선, 태국, 에티오피아 3국만을 독립국으로 인정하였고, 조선이 독립국이라는 역사적 사실의 중심에 대한제국의 선포가 존재

---

93) 김위현, 『동농 김가진전』, 226~227쪽, 학민사, 2009

했다.

　1943년 11월 미국·영국·중국은 카이로에서 독립국이었던 조선·태국·에티오피아의 전후 처리 문제를 논의했고, 실질적인 독립국을 1897년부터 인정했다. 여기에서 갑오개혁과 광무개혁의 의미는 한층 더 커진다. 동농 김가진은 이 두 개혁의 주역이었다. 조선이 독립국임을 국제사회가 인정하도록 우리 근대사의 실마리를 풀어낸 사람이 바로 동농 김가진이었다. 우리는 그의 일대기에 더 관심을 가져야 하지 않을까.

대례복을 입은 동농 김가진

9장

황해도관찰사 동농과 이승만

9장
황해도관찰사 동농과 이승만

 갑오개혁의 영향은 컸다. 노비제도를 비롯한 신분제 철폐뿐 아니라 지금까지 조선 사회를 지탱했던 모든 질서에 커다란 변화를 가져왔다. 당연히 반발과 반작용도 적지 않았다. 동농의 농상공부대신 임명에 대해서도 질시하는 이들이 많았다. 이러던 차에 1895년 5월 박영효의 국왕 암살음모사건이 일어났다. 갑오개혁을 주도하던 동농은 여기에 연루되어 상당한 곤경에 처했다.

 이는 그가 중앙 정치무대에서 지방관으로 직을 옮기게 되는 계기가 되었다. 황해도 해주로 가면서 그는 정약용을 떠올렸다. 정약용 역시 정조 밑에서 개혁에 앞장서다 황해도 곡산으로 가게 되었다. 황해도 곡산은 정조 때 민란이 일어났던 곳이다. 이를 수습하기 위해 보낸 것이라고 하나, 조정 내부에서 정약용에 대한 질시가 많았기 때문에 어쩔 수 없이 지방으로 내보낸 것으로 볼 수 있다.

고종이 외교에 대해 전적으로 김가진을 신뢰하게 되자 민비와 기득권 세력의 견제를 받게 된다. 동농이 여주목사, 안동부사를 역임할 때도 고종은 계속 외교 업무를 맡겼던 전례가 있었지만, 이번 황해도관찰사에서는 그렇지 않았다.

동농은 황해도관찰사로서 본격적인 목민관 생활을 시작한다. 1897년, 51세의 나이였다. 당시 관행으로 황해도재판소 판사도 겸임했다. 중앙 부처에서 여러 대신을 거치며 복잡한 권력투쟁의 단맛과 쓴맛을 겪었던 동농은 차라리 중앙보다는 지방이 더 편했다. 오히려 중앙에서 할 수 없던 일들을 지방에서 할 수 있었다.

황해도는 전라도와 함께 조선 최대의 곡창지대였다. 그곳에서 동농은 조선의 미래 즉, 근대 개혁에 필수적인 학교 설립을 결심하게 된다. 그리고 국립소학교를 창설했다. 이 국립소학교를 건립하는데 400원을 기본금으로 삼고, 지역에서 많은 사람에게 후원금을 모아 그 이자로 교비 일체를 충당하였다.

그리고 기존의 낙후된 관행들도 바꾸기 시작했다. 관찰사들은 가렴주구를 일삼고 걸핏하면 곤장을 치는 관행이 있었다. 김가진은 근대화에 성공한 나라들처럼 재판과 행정을 분리해야 한다고 생각했다. 특히 태형 같은 매질은 봉건적 잔재라 하여 매우 싫어했다. 갑오개혁 때 그는 근대적 재판제도를 강력히 추진했고, 이를 제도화한 당사자였다. 그리고 관찰사로서 이를 직접 시행했다. 관리들은 재판보다는 곤장을 치자고 주장했지만, 동농은 단호했다.

이곳에서 동농은 이승만을 만나게 된다. 이승만은 독립협회 시절에 함께 일했으나 나이 차이가 많이 나서 잘 알지는 못했다. 다만 공화정을 주장하는 이승만이라는 젊은이에 대해 관심을 갖고 있었다. 공화정을 주장한 이승만은 고종의 눈엣가시였으며, 기존 대신들이나 황해도의 관리들에게는 사상적으로 위험한 인물이었다.

당시 황해도는 평안도와 함께 기독교가 번창하고 서양인들에 대해 개방적이었다. 그러다 보니 서북지역 출신 중에 개혁적 젊은이들이 대거 나올 수 있었다. 김구, 이승만, 안창호, 안중근, 박은식 등 독립운동의 거두들이 서북지역에서 태어났다.

황해도관찰사에 부임한 지 채 1년이 되지 않은 1898년 3월, 동농은 다시 중추원으로 발령받아 중앙정부로 가게 된다. 동농 김가진이 퇴임한 이후 황해도에 있던 이승만은 4월 9일 해주 지역일간지 「매일신문」을 창간한다. 이승만은 당시 23세의 청년으로 배재학당에서 신식교육을 받은 기독교인이었다.

신문은 보통 관(官)을 강하게 비판하는 성향이 있다. 특히 창간호에 한해서는 더욱 날카로운 필봉을 휘두르는 게 관행이다. 그는 황해도 지역신문인 「매일신문」에서 적극적으로 활동했다. 「매일신문」은 모든 관리를 공격했다. 그가 누구인지, 전·현직 여부 모두 중요하지 않았다. 모두 날카로운 비판의 대상이었다. 당연히 전임 관찰사였던 동농도 여기에 포함됐다.

동농은 매우 억울했지만 크게 신경 쓰지 않았다. 동지 서재필로부터 미국의 언론에 대해 많은 이야기를 들었기 때문이다. 이미 2년 전인 1896년 서재필에 의해 독립협회가 발간하는 「독립신문」이 격일간으로 나오고 있었다. 지역신문인 이승만의 「매일신문」이 동농에 대해 비판적인 기사를 냈다면, 서울의 「독립신문」에서는 동농에 대한 긍정적인 기사를 계속 내보냈다.

동농은 반론문을 쓰는 것으로 대응했다. 「매일신문」의 비판 기사에 조목조목 구체적으로 사실과 다르다는 설명을 덧붙였다. 「독립신문」은 동지 서재필이 주도해, 훨씬 입장표명이 수월했던 덕분이다. 동농은 청년 이승만을 나쁘게 보지 않았다. 언론이기에 그럴 수 있다고 봤다. 찬성과 반대를 통해 공론이 형성된다고 생각했다. 이른바 사회적 공론장이 형성되는 것으로 보았다.

동농은 고종에게 밉보인 이승만이 미국으로 유학을 갈 수 있도록 도왔으며, 재정적으로도 지원하는 등 미래를 짊어질 청년을 포용하는 아량을 가지고 있었다. 또 관료로서는 고종에 충성했지만, 마음속 깊이 백성(民)이 나라의 미래임을 인식했기 때문이다. 조선 관리가 지녀야 할 기본 덕목은 민본(民本)과 애민(愛民)이었다. 하지만 세도정치 이후 가렴주구를 일삼은 관리들은 그 기본조차도 잊어버렸다. 동농은 관리들의 작태에 개탄했고, 이러한 마음가짐이 훗날 동농이 공화정을 내세운 대한민국임시정부로 망명하는 작은 씨앗이 되었다.

동농은 갑오개혁을 통해 여러 개혁을 수행했지만, 이 역시 일본의 압력 아래에서 이뤄진 것이었다. 황해도관찰사로 재임하는 기간, 서북지역의 새로운 사조를 보며 그는 절실히 백성이 중심이 되어야 한다는 생각을 가졌으리라 추측된다. 서재필이 전한 미국 사회는 왕조가 없는 공화정 대통령제였다. 또 서재필은 이 공화정에서 가장 중요한 사회적 기능인 언론을 중시했다. 동농은 서재필의 생각에 공감했고, 함께 독립협회 활동을 하며 독립신문을 만드는 데 많은 도움을

줬다.

　서재필은 갑신정변 이후 일본으로 망명한 김옥균과 달리 미국으로 망명했다. 그곳에서 와신상담하며 의학을 공부해 미국 시민이 되었다. 이후 조선으로 돌아와 개혁 운동에 앞장섰던 사람이다. 그는 갑신정변으로 일가족이 몰살당했다. 그래서 그는 왕조에 대한 극도의 불신과 증오를 지녔고, 미국의 민주주의에 대한 강한 믿음을 가진 인물이다.

　다만 서재필은 망명 이후 미국 시민임을 끝까지 고수해 필립 제이슨(Philip Jaisohn)이란 이름을 사용했는데, 동농은 죽을 때까지 김가진이었다. 왕조나 제국의 김가진이 아니라 민국의 김가진이었고, 단군의 자손인 김가진이었다. 그래서 그가 대동단에서 사용한 연호는 단기 혹은 대한민국 연호였다.

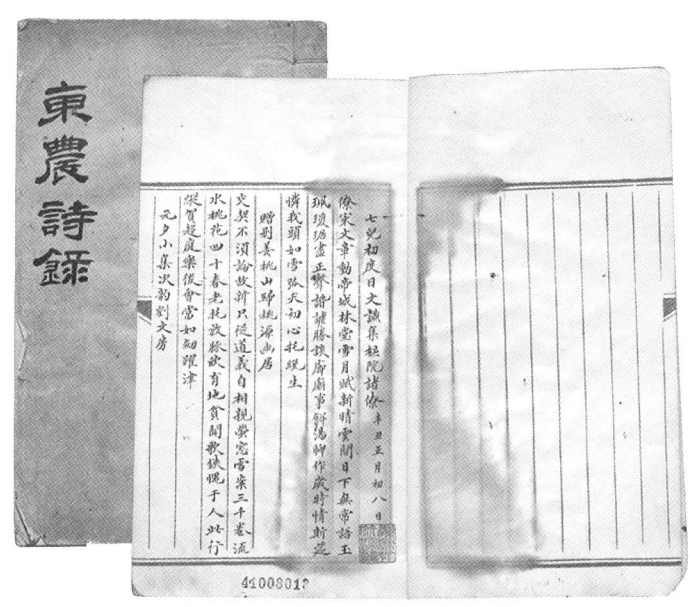

『동농시록』

10장

충청남도관찰사

10장
충청남도관찰사

　민(民)을 배제하는 나라는 외세에 휘둘릴 수밖에 없다. 고종이 통치한 조선이 그랬다. 김가진은 건양협회와 독립협회, 만민공동회 소두로 활동하며 자주독립을 도모했고, 광무개혁을 주도했다. 은행과 잠업회사를 설립하고, 우체국과 학교를 세우는 등 식산(殖産 : 생산을 늘림)과 교육으로 민족의 힘을 기르려 했다.

　그러나 위정척사와 개화는 여전히 반목했고, 독립협회와 의병 또한 하나로 뭉치지 못했다. 그래서 조선 땅 곳곳으로 침투해 들어오는 일본 세력을 효과적으로 막지 못했다. 이미 청일전쟁에서 승리했던 일본은 러일전쟁에서도 승리해 대륙 세력을 패퇴시켰다. 일제는 본격적으로 마수를 뻗쳤다. 그 누구도 기울어가는 조선을 구하기엔 역부족이었다.

그 반대편에 이완용을 비롯한 일제의 앞잡이 노릇을 하던 대신들이 있었다. 권력에 눈이 먼 이완용은 1904년 다시 정계에 등장하며 일제의 앞잡이 노릇을 했고, 그를 포함한 을사오적(박제순, 이지용, 이근택, 권중현)은 1905년 을사늑약의 주범이 됐다.

물론 고종은 을사늑약을 반대했다. 고종은 마지막까지 도장을 찍지 않았다. 을사오적이 고종의 승인 없이 불법적으로 일본과 체결해 버렸다. 이완용은 이 불법적 조약 체결을 위해 바람을 잡았고, 박제순은 황제의 허락도 없이 자의적으로 도장을 찍어버렸다.

김가진은 초지일관 '친고종 개화파 외교관'의 입장에서 고종의 대외관계를 보좌했다. 하지만 을사늑약에는 고종도 동농도 완전히 배제되어 있었다. 김가진은 을사늑약에 강하게 반대했고, 을사늑약을 지지한 일진회를 격렬하게 비난했지만, 그의 역할은 거기까지였다.

을사늑약을 당하여, 전국 각지에서는 의병이 일어났고, 민영환을 비롯한 지사들이 자결했다. 충청도에서는 민종식, 전라도에서는 최익현, 경상도에서는 신돌석, 강원도에서는 최도환 등이 의병을 이끌었다. 한편 서울에서는 장지연이 황성신문에 '시일야방성대곡(是日也放聲大哭)'이라는 사설을 씀으로써 민족적 분노를 북돋웠다. 시간이 갈수록 저항은 거세어졌고, 일본군은 이를 진압하기 위해 혈안이 됐다.

동농은 통탄해 마지않았다. 그의 나이 벌써 환갑이었다. 동농의 고민은 깊었을 것이다. 관직을 내려놓고 의병으로 나설 것인가, 초야에 묻혀 세상을 등질 것인가, 아니면 최악의 상황(강제합병)에 대비해 고종의 곁을 지킬 것인가. 선택의 기로에 섰을 것이다.

대한제국의 외교권을 빼앗은 일본은 기고만장했다. 문제는 통감부(統監府)였다. 통감부는 늑약으로 설치된 기관인데, 대한제국의 내정을 완전히 장악했다. 을사늑약 제3조에 "일본국 정부는 그 대표자로 하여금 한국 황제 폐하 궐하에 1명의 통감을 두되, 통감은 오로지 외교에 관한 사항을 관리하기 위하여 경성에 주재한다. 친히 한국 황제 폐하에 알현하는 권리를 가진다"라고 명시돼 있지만, 통감은 외교 사무를 넘어 대한제국 내정을 좌지우지했다. 이른바 통감정치였다.

동농이 충청남도관찰사에 임명된 건 1906년 5월 8일(이하 양력)이다.[94] 과연 고종의 뜻이었을까. 통감 이토 히로부미는 김가진을 잘 알았다. 동농의 주일공사 시절부터 따지면, 두 사람의 관계는 20년 가까이 됐다. 이토는 김가진이 고종 곁에 있는 게 마땅치 않았을 것이다. 일본인들은 김가진을 불신했고, 그를 믿을 수 없는 인물로, 일본 배척파, 영어파로 보았지만 그렇다고 미국 외교관들도 김가진을 신뢰한 것은 아니었다. 미국공사 알렌은 일본과 자신은 김가진을 친구라 부르면서도 잠시도 신뢰하지 않았다라고 했다. 이는 김가진이 충성 대상이 일본도 미국도 아닌 고종이었기 때문이다.

동농은 을사늑약 직후 모든 관직에서 사임하고자 세 번이나 사직 상소를 올린 바 있다. 충청남도관찰사 발령에 일본의 입김이 작용했다는 것도 모르지 않았다. 이때는 고종이 강제폐위당해 덕수궁에 유

---

94) 『승정원일기』, 고종43년(1906) 4월 15일(임자).

폐되기 전이었으므로, 동농은 자신이 어떻게 해야 할지 고종과 상의했을 것이다. 동농은 임지로 내려갔다.

동농은 특히 학교를 설립해 자라나는 미래세대를 키우는 일에 힘을 쏟았다. 황해도관찰사를 할 때도 그랬고, 광무개혁 때도 그랬다. 광무개혁에서 고종을 설득해 공립학교와 실업학교를 전국에 세웠다. 동농은 그때의 경험을 되살려 충남에서 교육 사업을 진두지휘했다.

> "동농은 평소 국가부흥은 교육부터라는 소신을 가지고 있었다. 그래서 1906년 충청남도 도백으로 나갈 때 먼저 할 일이 교육이라고 생각했다. 도내 교육기관에 대한 조사를 해보니 전국에서 충청남도가 가장 열등하였다."[95]

충청남도관찰사 김가진은 공주에 구산학교(鳩山學校)를 설립하고, 스스로 교장을 맡았다. 생도 30명을 받아들여 수신, 윤리, 국한문, 독서, 작문, 역사, 지지, 산술, 일어, 체조 등을 가르쳤다.

충청남도관찰사로 발령받은 해 동농은 대한자강회가 조직되자 이에 참여했다. 대한자강회는 교육으로 독립의 기반을 닦으려 했다. 대한자강회는 고종 퇴위에 반대하는 거국적 운동도 전개했다. 대한자강회는 1907년 8월 이완용 내각에 의해 해산됐다.

---

95) 김위현, 「동농 김가진전」, 249쪽, 학민사, 2009

동농은 대한자강회가 해산되기 직전 충청남도관찰사에서 물러났는데, 도성으로 돌아와 기호흥학회를 창설하고 기호학교를 설립했다. 교육이 미래의 희망이라고 믿었기 때문이다.

을사늑약 이후, 의병 투쟁을 진압하기 위해 일본군이 충남 관내에서 판을 치고 있었다. 일본군은 대한제국 관공서를 제집 드나들 듯 활개치고 다녔다. 고종은 의병에 대해 양면적인 입장이었다. 경계하면서도 은근히 자신의 정치적 입지를 다지는 데 활용했다. 고종의 입장은 "아무리 의병이라도 왕조 국가에서 왕의 명령을 들어야 하는 것은 당연하다"였다. 그렇지 않으면 간교한 무리일 뿐이었다.[96] 그것이 고종의 입장이었다.

고종은 각 고을 수령들에게 의병을 진압하라는 명령을 내렸다. 그것이 고종의 본심이었는지 아니었는지는 중요하지 않다. 통감이 내정마저 장악한 상황, 외세에 기대는 게 얼마나 절망적인 선택인지 만천하에 드러난 상황에서도 고종은 끝까지 왕권에 집착했다. 하지만 동농은 고종의 신하로서 왕명을 거부하지 못했다. 그렇다고 일본군이 백성을 무참히 살육하는 것을 방관할 수도 없었다.

그가 할 수 있는 일은 의병이 한 명이라도 덜 상하게 하는 것뿐이었다. 동농은 고종의 명을 받들되, 소극적으로 임했다. 법제상으로 따지면 관찰사 밑에 관군이 있다고는 하나, 당시의 관군이란 오합지졸에 불과했고 실질적인 지휘권은 일본군이 행사했다.

민종식이 이끄는 의병이 홍주성(현 충남 홍성)을 탈환한 건 1906

---

96) 『승정원일기』, 고종 31년(1894) 9월 26일(기해)

년 5월 19일이었다. 동농이 충청남도관찰사 임명장을 받은 지 열하루가 되는 날이었다. 이토 히로부미는 조선주차군사령관 하세가와 요시미치에게 군대 파견을 명령했다. 일본군 보병 제60연대 예하 다나카 소좌는 보병 2개 중대와 기병 소대 절반 그리고 전주수비대 1개 소대를 동원해 30일 홍주성을 포위하고, 다음날 함락시켰다.[97] 의병의 상대는 일본군이었고, 의병을 처형한 것도 일본군이었다.[98]

홍주성에서 탈출한 민종식은 예산군 한곡면에 있던 처남 이남규의 집으로 피신했다가 "일진회원의 밀고로 11월 17일 새벽에 일본 헌병 10여 명과 지방병 40여 명, 일진회원 수십 명의 습격을 받았다."[99] 일본군의 습격을 받은 민종식은 피신에 성공했지만, 이남규 부자는 실패했다. 두 분은 공주 감옥에서 일본군의 혹독한 조사를 받다가 한 달 만에 풀려났다.[100]

민종식은 얼마 뒤 공주에서 일본군에 붙들렸다가, 서울로 압송됐다. 이는 민씨 척족인 민종식을 죽지 않게 하려는 고종의 뜻이었고,

---

97) 「민종식」, 『이달의 독립운동가』, 국가보훈처, 2012
98) 이 전투에서 일본군 측이 10여 명 사살된 반면 의병 측은 참모장 채광묵 부자와 운량관 성재평과 전태진·서기환·전경호를 비롯하여 여기에서 학살된 양민의 수를 합하면 300여 명에 이른다. 붙잡힌 의병 수도 145명에 달한다. 그 중에 김상덕 등 78명은 서울로 압송되었다. 이들은 일본군 사령부의 심문을 받은 뒤 윤석봉 등 70명은 7월에 석방되었다. 그러나 유준근·안항식·이상구·신현두·이식·남규진·최상집·문석환 등 아홉 의사는 대마도로 유배되어 감금생활을 하였다. 이세영은 6월에 붙잡힌 뒤 겨울에 종신 유배형을 선고받고 황주의 철도로 유배되었다(「민종식」, 『이달의 독립운동가』, 국가보훈처, 2012).
99) 「민종식」, 『이달의 독립운동가』, 국가보훈처, 2012
100) 「이남규」, 『이달의 독립운동가』, 국가보훈처, 2012

이완용과 조중응까지 거들고 나섰다.[101] 민종식은 유배형으로 경감돼 진도로 귀양 갔다가 순종 즉위 때 특사로 풀려났다.

민종식과 달리 이남규 부자 두 분은 1907년 9월 26일 순국했다. 일본군이 이남규 부자를 체포나 재판 등 최소한의 형식적 절차도 없이 냇가에서 살해했기 때문이다.[102]

이남규 의병장 부자 두 분이 순국할 때 동농은 충청남도관찰사가 아니었다. 동농은 두 분이 순국하기 넉 달 전인 5월 17일 해임돼 충남을 떠났다.[103] (부록6 참조)

이 시기에 백성과 지방관의 마찰은 흔했다. 세도정치 아래 매관매직이 판을 쳤고, 그 대가는 백성이 치러야 했다. 여기에서 친일 관료들과 반일 관료들이 구분되기 시작했다. 일본인과 결탁하여 사리사욕을 채우는 관리도 있었는가 하면, 일본인의 허무맹랑한 요구를 단

---

101) 내각총리대신(內閣總理大臣) 이완용(李完用), 법부대신(法部大臣) 조중응(趙重應)이 아뢰기를, "평리원(平理院)에서 심리한 내란 죄인 민종식(閔宗植)에 대한 안건을 조사해보고 해당 범인을 『형법대전(刑法大全)』 제195조의 정사를 변경시키기 위하여 난을 일으킨 자에 대한 법조문을 적용하여 교형에 처하기로 하였습니다. 해당 범인으로 말하면 스스로 의병의 괴수가 되어 성을 함락하고 나라의 군사를 대항해서 생명에 화를 끼쳤으니 그 범죄를 추구하면 적용한 원래의 법조문에 부합합니다. 그런데 시국을 오해하고 망녕되게 여러 사람들을 동원하고 의리에 빙자하고 거사하여 스스로 죄를 부른 것은 전적으로 우매한 탓이었으며 제 개인을 위한 것은 아니었습니다. 그런 만큼 사정을 참작하여 법을 살펴보면 참작해주어야 하겠기에 본년 칙령 제35호에 의한 「내각관제(內閣官制)」 제7조 7항에 의하여 내각회의(內閣會議)를 거친 후에 특별히 한 등급을 감해줄 것을 삼가 아룁니다." 하니, 윤허하였다. (『고종실록 48권』, 고종 44년 7월 4일 네 번째 기사)
102) "일본군은 선생에 대한 경계와 감시의 눈초리를 늦추지 않고 있다가 1907년 9월 26일 선생이 거처하던 평원정을 포위하고 선생을 포박 압송하려 하였다.…… 일본군은 선생을 회유할 수 없음을 인식하고 칼로 선생을 죽이려 하였다. 그러자 선생을 따르던 맏아들 충구와 가마를 메고 가던 김응길(金應吉)이 온 몸으로 일본군의 칼을 막았지만, 결국 선생과 함께 피살되어 순국하고 말았다." (「이남규」, 『이달의 독립운동가』, 국가보훈처, 2012)
103) 『승정원일기』, 고종44년(1907) 4월 6일(병인)

호히 거절해 좌천당하는 관리들도 있었다.

　동농의 부임 당시 그를 경계하는 사람들도 있었다. 사실 그것은 동농 개인에 대한 것이라기보다는 지방관 전체에 대한 불신과 증오였다. 그러나 그 경계는 금방 허물어졌다. 동농 김가진은 단호하게 반일의 입장을 피력했다. 동농은 일본의 행패를 묵과하지 않았다. 동농은 지방관과 결탁한 일본인의 침탈행위를 막았고, 이 과정에서 발생한 협박에도 단호하게 대처했다.[104]

　또, 한 조선인이 일본인과 시비가 붙어 살해당하는 사건이 발생했는데, 문제는 1876년 강화도조약 체결 이래로 일본에 치외법권이 있어 그 일본인을 처벌할 방법이 없다는 것이었다. 이에 동농은 백성을 대표해 범죄를 저지른 일본인의 처벌을 위해 조정이 일본·청국과 교섭할 것을 요청하기도 했다.[105]

　동농을 실제로 겪은 뒤, 사람들의 생각은 180도 달라졌다. 「대한매일신보」는 "관찰사 김가진 씨 강경 정직함을 칭송하지 않은 사람이 없었다"고 보도했다.[106]

---

104) 「至死守法」, 「대한매일신보」, 1906.12.15
105) 「충청남도재판소에서 살인자 처벌을 위해 일본·청국과 교섭하고자 함을 보고」, 1906.9.5 (각사등록 근대편, 국사편찬위원회 한국사데이터베이스)
106) 「대한매일신보」, 1907년 2월 11일자 2면

11장

과거에 급제해
안동으로 돌아오다

11장
과거에 급제해 안동으로 돌아오다

동농은 1846년 서울 북악산 밑의 현재 서울 종로구 청운동 근처인 순화방 장동에서 아버지 김응균 어머니 함안 박씨 사이에서 둘째 아들로 태어났다. 당시는 매우 혼란스러운 시기였다. 17세기 후반 영조와 정조 치세에는 나라가 어느 정도 안정되었지만, 정조 말기에 이르러 각 지역에서 농민반란이 일어났다.

정조가 개혁을 철저히 진행하지 못한 결과였다. 앞서 정약용이 노론 세력에 밀려 중앙에서 농민반란이 처음 벌어진 황해도 곡산으로 떠나 3년간 근무했던 사실을 서술한 바 있다. 당시 곡산에서는 곡산부사가 군포를 과도하게 징수하여 농민들이 일어났다. 농민들이 관아를 습격한 큰 사건에 대해 정조의 명을 받은 정약용은 농민반란 주동자와 면담했고, 그들의 타당한 사연을 청취한 뒤 사법조치 면제라는 특단의 조치를 취하고 장계를 올렸다. 또 3년간 항상 '1식 3찬'의 검소한 생활을 유지해 백성들의 전폭적인 지지를 받았다.

이 사건은 백성의 큰 지지를 받았지만, 중앙의 반대 세력에게는 정약용을 정계에서 제거할 좋은 기회였다. 3년간 목민관으로서 소임을 다했던 정약용은 결국 순조 때 전남 강진으로 18년 귀양길에 오른다. 귀양 생활에서 정약용은 약 600권의 책을 저술한다. 그리고 그중에서도 가장 뛰어난 저서인 목민심서를 이 시기에 썼다.

과거에 급제한 동농은 고종의 신임을 얻어 초고속으로 승진하며 자주외교의 주역이 됐다. 그러나 고종의 총애를 받은 것이 오히려 정치적인 견제를 받게 되는 원인이 되었다.

동농은 어릴 때 한학을 공부하면서 정약용처럼 검소한 생활을 하겠다는 결심을 했고, 평생 이를 실천했다. 그리고 외국어를 습득하고 당시 시국을 직시해 개혁적인 입장을 견지했다. 이것이 기존 기득권 세력, 수구세력이라고 일컫는 민씨 세력의 견제를 받게 된 배경이었다.

앞에서 살펴본 바와 같이 고종은 일본 외에도 서구 열강에 대한 관심이 많아 동농과의 대화를 무척 즐겼다. 당연히 집권세력인 민씨들에게 달갑게 보일 리 없었다. 특히 동농의 개혁·개방적인 의지에 대해 그들은 노골적으로 경계심을 드러냈다. 그래서 동농을 지방으로 내쫓은 것이다. 고종을 알현하고 일본으로 돌아가 막 집무를 시작하자마자 여주목사로 부임하라는 명이 떨어졌다.

동농은 여주목사로 부임했지만, 외교 업무에서 완전히 배제당한 것은 아니었다. 당시 여주목사와 함께 외교관의 직책인 '판사대신'도 겸하고 있었다. 민씨 세력은 동농을 경계해 여주로, 이듬해에는 안동으로 쫓아냈다. 그러나 고종은 동농을 외교의 중심에 세울 수밖에 없었다. 동농만큼 외교 업무에 능숙한 관리도 없었기 때문이다.

동농이 주일공사를 지낼 당시, 오스트리아의 외교관 로저 비겔레벤(Roger de Biegeleben)이 통상조약 체결을 타진해왔다. 그래서 주일공사 업무와 함께 조오수교 업무도 처리하고 있었다.

동농이 여주목사와 안동부사로 일하던 시기에 조선은 오스트리아와 조약을 맺게 된다. 동농은 목민관 생활을 하는 중에도 고종의 지시로 주일 오스트리아 공사와 수교 협상을 추진했다. 오스트리아는 당시 서양에서는 열강 중 하나였기에 간단하게 체결할 조약은 결코 아니었다. 동농은 안동부사로 전출된 이듬해인 1892년 조오수호통상조약을 체결한다.

한국과 오스트리아의 우호관계는 동농이 그 출발점이었다. 2021년 150년 만에 한국의 대통령이 오스트리아 빈에 방문한 것은 무척 뜻깊은 일이라 할 수 있다. 이러한 외국과의 조약 체결은 조선이 독립국임을 증명하는 중요한 단서가 된다. 제2차 세계대전 종반 카이로 선언에서 대한민국의 독립이 인정되는 데 가장 핵심적인 근거가 바로 열강과의 조약 체결이었다.

철종 말기 1862년 임술년에 삼남, 즉 경상도·전라도·충청도 세 지역을 중심으로 민란이 일어났다. 민란의 시작은 진주를 중심으로 일어났는데, 그 원인은 삼정의 문란[107]이었다. 삼정의 문란은 정조 말기부터 시작됐다. 정조의 개혁이 미완의 개혁으로 끝나면서 순조·헌종·철종 세 임금을 거치며 삼정의 문란이 더욱 심해졌다. 관리들의 부패는 심각하여 백성에 대한 갈취는 험악해졌으며, 양반 지주들의 횡포도 갈수록 심해졌다. 이것이 누적되어 삼남을 휩쓴 임술농민민란이 일어난 것이다. 이는 1894년 동학민중항쟁의 전초전이었다.

대원군과 고종은 이를 본질적으로 해결하지 못했다. 오히려 대원군은 집정 시기 경복궁을 중건하는 등 재정을 탕진했다. 특히 산악이 많은 지역에서 민란은 계속 일어나 산적들이 늘어났다. 백성들이 산적에게 재산을 강탈당하는 일이 비일비재했다.

1891년 여주목사로 부임한 동농은 잡세를 없애는 등 세정을 개혁해 백성들의 세금을 감면했다. 뒤이어 더 멀리 떨어진 안동으로 가게 되었다. 동농이 안동에서 제일 먼저 한 것은 치안의 확보였다. 치안의 확보는 유사시 장정들을 동원해 군대를 만드는 것이다. 그래서 동농

---

107) 삼정의 문란은 조선시대 주요 세금이었던 전정(田政), 군정(軍政), 환정(還政)의 수취체제가 변질되어 부정부패로 나타난 현상을 말한다. 전정의 경우 실제 토지 상태보다 많은 세금을 부과했고, 군정의 경우 군포를 면제받는 편법이 증가하여 수취하는 군포가 줄어들자 지방 관아에서 이웃에게 군포를 강제 징수하는 인징(隣徵), 가족에게 강제로 징수하는 족징(族徵), 마을 단위로 전체의 군포 액수를 부담케 하는 동징(洞徵), 어린아이에게 군포를 징수하는 황구첨정(黃口簽丁), 이미 죽은 자의 이름으로 군포를 징수하는 백골징포(白骨徵布) 등과 같은 불법징수가 성행하였다. 환정의 경우 가장 극심했는데, 환곡(還穀)이라 불린 이 제도는 원래 백성의 구휼책이었다. 춘궁기에 농민에게 식량과 씨앗을 빌려주었다가 추수한 뒤에 돌려받아 농업의 재생산을 도모하는 정책이 바로 환곡이었다. 부패한 관리들이 이자율을 자의적으로 급격하게 늘리거나, 환곡이 필요하지 않은 농민에게도 강제로 환곡을 빌려주어서 이자를 받아내어 수탈하는 방식으로 변질되었다. 이 세 현상을 합쳐 삼정의 문란이라고 일컫는다.

은 초모(招募)[108]에 주력했다. 동농은 장정들을 모집하는 이유를 다음과 같이 말했다.

"시대는 바야흐로 만국이 자웅을 다투어 약육강식의 시대로 접어들고 있다. 우리나라는 바다의 한쪽에 치우쳐 있는 나라로써 시국의 가장 뒤쪽에 살고 있으나 역시 각국과 통상조약을 맺고 있기 수십 년이 되었다. 범선(帆船)이나 화륜선이 순식간에 만 리를 달리기 때문에 푸른 눈과 붉은 털을 가진 서양인들이 아침저녁으로 우리와 한 곳에 있게 되어 우리의 보화를 저들이 모두 가져가려고 우리의 단점을 저들이 모두 엿보고 있다. 또 우리를 속여서 옭아매어 손을 쓸 수 없게 되어 몰래 아픔을 겪고 있다. 그리하여 조정에서는 뛰어난 인재(超倫之材)를 모아 무술을 연마시켜서 국가 위기에 대처하겠다."[109]

동농은 외교관으로 주일공사를 하면서 많은 깨달음을 얻었다. 중국 천진에 종사관으로 나가 중국이 개혁에 실패하는 과정을 지켜보았고, 일본이 메이지유신으로 막강한 국력을 닦아나가는 과정을 목격했다. 동농은 외교관으로서 역할을 십분 다했지만, 국력이 따라가지 못해 외교력에 한계가 있을 수밖에 없었다. 군사력이 뒷받침되지 못하는 외교는 자칫 허장성세로 비칠 수 있고, 이를 간파한 상대국

---

108) 지원병을 모집함
109) 김위현, 『동농 김가진전』 165쪽, 학민사, 2009

외교관들에 눌려 제 역할을 할 수 없는 게 과거나 현재 외교가의 현실이다.

그는 임오군란을 지켜보았고, 일본에서 4년간 근무하면서 일본 군대의 근대화 과정을 잘 지켜보고 있었다. 앞서 1876년 강화도조약이 불평등하게 체결된 사실을 잘 알고 있었다. 군사력 없이는 청국이나 일본과 조약을 대등하게 체결할 수 없다는 점을 깊이 인식했다.

임오군란은 조선의 국방 시스템이 망가진 사건이었다. 군대의 붕괴는 나라의 근간을 흔드는 것이었다. 군부의 부정부패, 가렴주구는 병사들의 반란으로 귀착될 수밖에 없다. 동농은 몸소 청렴을 강조했고, 앞장서서 지방 유지들의 부패, 가렴주구에 대해 단호한 입장을 취했다. 임오군란을 거울삼아 동농은 지방군이라도 튼튼하게 다져놓겠다고 마음먹었다. 즉, 일본군과 청군에 대항하는 의지로서, 초모에 나선 것이다.

물론 군사력은 경제력이 뒷받침되지 않으면 지속할 수 없다. 그래서 동농은 국내에 있을 때 군사력과 경제력을 올리기 위해 최선을 다했다.

뒤이어 당시 산업의 중심인 농업, 이른바 '농자천하지대본(農者天下之大本)'을 실현하고자 했다. 농사가 풍년이 들어야 경제가 지속되고 백성들도 행복해진다는 사실을 잘 알고 있었기에 그는 장장 17일 동안 기우제를 지내기도 한다. 동농이 농상공부대신에 임명된 건 그 다음의 일이다. 또 동농은 농업 이상으로 상공업이 중요하다는 사실을 정확히 인식하고 있었다. 그는 독립국이 되려면 상공업이 발전되어야 한다고 생각했다. 그가 미국에서 돌아온 서재필과 함께 상무회의소를 설립하고 직접 사립 양잠회사를 차렸던 것도 모두 산업화의 중요성을 제대로 이해했기 때문이다.

그리고 동농은 향교를 혁신하려 했다. 향교는 교육기관으로서의 기능이 정지된 지 오래였다. 신교육인 영어, 일본어 등 과거 역관이 배우던 외국어를 공부시켰다. 이는 지역 유림의 강한 반발을 사는 빌미가 되었다. 이미 1894년 갑오개혁으로 향교는 공식적으로 폐지되었으나 현장에서는 청산되지 않고 있었다. 향교 폐지 후 새로운 교육제도가 만들어지지도 않은 과도기적 상황에서 동농은 한문 교육보다 외국어 교육을 강조했던 것이다.

하지만 동농은 유림의 반발에 부딪혔다. 한학보다 외국어를 공부시키려는 동농의 개혁은 안동 유림의 격렬한 반발을 불러왔다. 유림은 해외, 특히 일본이나 중국의 상황을 잘 알지 못했다. 오로지 기존 성리학에 머물러 있었다. 안동 유림과 동농, 양자의 사고방식의 간극은 넓었다. 안동 유림은 위정척사의 입장을 대변하고 있었다. 반대로 동농은 개혁개방을 주장하여 쉽게 대화를 이룰 수 없는 상황까지 갔다.

대화의 물꼬를 먼저 튼 쪽은 동농이었다. 동농은 6월 15일부터 29일까지 안동지역의 주요 7개 제례지(사직단, 관왕묘, 학가산, 영남산, 갈라산, 조골산, 태백산)에서 기우제를 올렸다.[110] 동농은 성심성의껏 기우제를 지내면서 안동 지역 유림들과 벌어진 틈을 좁히기 위해 노력했다. 그 후 약 1년간의 안동부사 생활을 마치고 동부승지에 임명되어 서울로 올라오게 된다.

---

110) 김위현, 『동농 김가진전』, 169~171쪽, 학민사, 2009

동농 김가진 일가(왼쪽에서 두번째 김의한, 가운데 김가진)

대한제국 무관들과 함께

12장

자주독립을 위한 몸부림

12장
자주독립을 위한 몸부림

1896년 1월 동농은 민간인 신분으로 미국에서 돌아온 서재필과 함께 상무회의소와 건양협회를 결성하게 된다. 동농은 조선인 상인들의 권익을 보호하기 위한 실질적인 활동이 중요하다고 생각했다. 내부의 힘을 기르지 않으면 무력하다는 사실을 절실히 깨달았기 때문이다.

그가 결성한 상무회의소는 일본 상인들의 침투에 대비해 조선 상인들의 권익을 보호하는 단체였다. 독립협회의 전신인 건양협회는 민중계몽을 위한 단체였다. 1월 26일 회원 40명의 상무회의가 공식 발족하고 서재필과 함께 특별회원 자격으로 참석한 동농은 석유 직수입회사를 설립하는 안건을 발의하여 참석자들로부터 열렬한 박수를 받았다.

당시 서울의 일본 상인들은 미국의 스탠다드오일 일본지사에서 석유를 직수입하여 독점 판매하며 막대한 수익을 내고 있었다. 여기서 동농은 중간상인을 거치지 않고 석유를 직접 수입하는 회사 설립을 발의한 것이다.[111] 일본은 동농과 서재필을 압박했다. 특히 미국 시민인 서재필의 축출 공작에 들어갔지만, 미국과의 관계를 고려해 어찌할 도리가 없었다. 그리하여 서재필보다 실질적으로 회사 설립을 주도하였던 동농을 손보기로 결심한다.

동농이 석유직수입회사를 설립하려던 1896년 1월은 을미사변이 일어난 지 석 달 후였다. 민비를 무참하게 시해하고 조선에 대한 영향력을 회복한 일본은 김홍집 친일내각이 김가진을 구속하도록 손을 썼다. 혐의는 농상공부대신 재직 때 연회 비용으로 공금을 유용했다는 것이었다. 터무니없는 모함이었다.

그해 2월 2일 김가진은 구속됐다. 김가진이 일본의 농간으로 '친일내각'의 손에 의해 구속당한 것이다. 김홍집의 권세는 오래가지 않았다. 2월 11일 고종이 러시아공사관으로 피신하자(아관파천) 김홍집 내각은 무너졌다. 무혐의였던 김가진은 바로 풀려났고, 2월 19일 중추원 1등 의관으로 다시 조정에 복귀했다.

7월 초 김가진은 서재필이 주도한 독립협회의 일원이 된다. 독립협회는 서재필을 중심으로 이상재, 이승만, 윤치호 등이 적극적으로 참여한 단체였다. 독립협회는 당시 조선 정부의 외세 의존 정책에 반대하는 개화파 지식인층이 참여했으며, 조선의 자주독립과 내정개혁을

---

111) 김위현, 『동농 김가진전』, 206쪽, 학민사, 2009

표방한 사실상 정치결사체의 성격을 갖고 있었다. 독립협회가 발행한 〈독립신문〉의 논조가 그것이었다.

독립협회는 그해 11월 서대문 근처에 독립문을 세운다. 독립협회의 활발한 활동으로, 고종은 이듬해인 1897년 조선왕조의 국호를 대한제국으로 바꾸고 황제 자리에 올랐다. 그리고 '광무'라는 독자적인 연호를 썼다. 그리고 오늘날 웨스틴조선호텔 자리에 천제를 지내는 환구단을 지었는데, 이는 자주독립 의지를 표현한 것이었다.

동농은 독립협회 활동에 적극적이었지만, 1897년 5월 황해도관찰사로 임명되면서 협회 활동을 계속할 수 없었다. 독립협회는 오래가지 못했다. 고종이 자신의 왕권을 유지하는데 위협이 된다고 생각했기 때문이다. 고종은 독립협회를 해산시켰다.

동농은 산업 진흥에 매우 높은 관심을 보였다. 황해도관찰사 직을 마친 뒤, 1899년 2월 동농은 사립 양잠회사를 설립하고 직접 사장으로 취임한다. 당시에는 비단을 만드는 잠업이 중요했다. 동농은 잘 자라는 품종의 뽕나무를 심게 하였고, 많은 노동자를 선발하여 잠업에 대한 기술교육을 시켰다. 그리고 정부에 건의하여 잠업과를 설치하게 했다. 동농은 비단 수출이 국부를 늘리는 주요 산업이 될 것이라 여겼다.

그리고 약 10여 년의 시간이 흘렀다. 동농은 대한협회 회장으로 추대되어 다시 민간 활동을 하게 된다. 대한협회는 1907년 11월에 창립된 단체로 대한자강회가 전신이었다. 대한자강회는 1906년 윤효정, 장지연, 나수연, 김상범, 임병항 등이 주관, 이준 등이 운영하던 헌정연구회를 혁신·확장하여 새로 발족한 단체였다. 대한자강회는 고종의 퇴위와 순종의 즉위에 반대하는 국민운동을 전개해 친일내각에게는 눈엣가시 같은 존재였다. 그래서 이완용은 대한자강회의 해산을 명령했고 대한자강회의 지사들은 다시 새로운 단체를 만들었는데, 이것이 바로 대한협회였다.[112]

대한협회는 1907년 11월 10일 창립총회를 열었다. 창립에는 권동진, 남궁억, 유근, 여병현, 오세창, 윤효정, 이우영, 장지연, 정운복, 홍필주 등이 모였다. 대한협회는 산업과 교육을 진작시켜 사회지식 발달과 국력 증진을 목표로 하고 있었다.[113]

그런데 정작 회장으로 선출되는 사람들이 취임하기를 거부하는 사태가 일어났다. 을사늑약 이후 이완용 내각은 자주독립 움직임에 따가운 눈초리를 던졌고, 당시 사회 명망가들은 부담스러울 수밖에 없었다. 대한협회도 마찬가지로, 회장이었던 남궁억이 총회에서 사임하면서 결국 동농을 추대하였고, 동농은 이를 승낙하여 1908년 대한협회의 회장이 되었다.

동농은 대한협회 회장으로 취임하면서 부회장에 자신과 가장 가까운 오세창을 임명했고, 총무는 오랫동안 대한협회를 실질적으로 이끌어온 윤효정에게 맡겼다.[114] 회원과 임원진들도 동농을 깊이 신임하고 있었다.[115]

---

112) 김위현, 『동농 김가진전』 279~280쪽, 학민사, 2009
113) 김위현, 『동농 김가진전』 281쪽, 학민사, 2009
114) 평의원은 안창호, 신규식, 조완구, 강엽, 강윤희, 강화석, 김명준, 김윤오, 유근, 변종헌, 서상팔, 안병규, 오세창, 윤주찬, 이도영, 이민경, 이병호, 이종일, 이해조, 장기렴, 장효근, 정만조, 정영택, 정운복, 정현철, 최경순, 한기준이 맡았다.
115) 김위현, 『동농 김가진전』 282쪽, 학민사, 2009

동농의 본격적인 활동은 1909년부터 시작되었다. 동농은 사립학교 설립 운동을 펼쳤고, 식산·흥업(興業, 산업 부흥)과 관련된 다양한 활동을 추진하였다. 대한협회의 초기 설립 목적대로 교육을 통해 국민을 계몽시킴으로써 독립자존의 기반을 다지기 위해 많은 노력을 기울였다. 여기에 회보와 다양한 잡지·신문에 대한협회 회장의 이름으로 왕성한 투고 활동을 하며 대한협회의 존재를 알렸다. 그리고 소위 '한일 양국의 합방'을 주장하는 일진회와 정면으로 맞서 싸웠다.

동농은 대한협회에 분·지회 설립 규정을 만들어 지방지회를 설립하고 연락망을 구축함으로써 대한협회를 대중조직으로 만들었다. 지회는 최소 50명 이상이 연명하여 신청하거나, 지역 유력인사가 연명하여 입회할 때만 지회를 인정하는 등, 사실상 정당조직과 같았다. 지회가 84개에 이르고 회원은 7~8천 명에 이르렀다. 영호남 등 삼남 지방에 지회가 집중되어 있었다. 특히 영남 유림의 본거지라 할 수 있는 안동 등에 설립된 지회는 독자적인 활동을 하게 된다. 대한협회 안동 지회장은 석주 이상룡이었다.

대한협회 평의원으로는 대한자강회에 참여했던 구한국 육군무관학교 졸업생인 신규식, 1898년 이상재·윤치호·이승만과 만민공동회를 개최하고 신민회를 조직한 안창호, 이후 임시정부에 참여하는 조완구 등이 있었다. 이 세 명은 나중에 동농이 상하이로 망명하고, 그 후 대한민국임시정부에서 활동하는 데 많은 도움을 주게 된다.

그러나 대한협회는 1910년 일제에 의해 해산되고 만다. 일제는 이완용 내각을 앞세워 한국을 일본에 강제로 병합시켰다. 그러면서

500년 역사의 조선은 멸망했고, 백성은 하루아침에 나라를 잃은 신세가 되어버렸다. 대한협회 활동이 금지되고, 그토록 지키고자 했던 나라도 멸망했다. 동농은 상심에 빠졌고 웅크렸으며 때를 기다렸다.

독립문
가족의 증언에 의하면 독립문의 현판은 동농이 썼다고 한다(『장강일기』)

1909년 창립 2주년을 맞아 백운장에 모인 대한협회 회원들
(동농 김가진, 둘째 줄 가운데 원표시)

결론

지하운동 조직의 선구
조선민족대동단

결론

지하운동 조직의 선구 조선민족대동단

대한민국 헌법 전문은 이렇게 시작한다. "유구한 역사와 전통에 빛나는 우리 대한국민은 3·1운동으로 건립된 대한민국임시정부의 법통과 불의에 항거한 4·19민주이념을 계승하고, 조국의 민주개혁과 평화적 통일의 사명에 입각하여 정의·인도와 동포애로써 민족의 단결을 공고히 하고, 모든 사회적 폐습과 불의를 타파하며, 자율과 조화를 바탕으로 자유민주적 기본질서를 더욱 확고히 하여…".[116]

우리나라 역사에서 3·1운동이 가장 위대한 민중운동이었다는 것을 부인하는 사람은 없을 것이다. 앞선 의병운동이나 동학민중항쟁,

---

[116] 앞서 1948년 제헌 헌법에는 "유구한 역사와 전통에 빛나는 우리들 대한국민은 기미 3·1운동으로 대한민국을 건립하여 세계에 선포한 위대한 독립정신을 계승하여…"라고 되어있다. 1987년 6월 민주항쟁 이후 대한민국임시정부의 법통이 헌법정신에 첨부된 것이다.

그 후에 임정 활동, 만주 무장투쟁, 미국이나 연해주에서의 독립운동 또는 국내의 노동운동, 농민운동, 야학운동 등 모든 운동의 정신적 뿌리는 3·1운동이었다. 3·1운동의 정신은 모든 독립운동의 근간이 되었고, 왕이 주인인 나라에서 백성이 주인인 나라로 나아가게 하였으며, 대한민국 정부 수립의 기초가 되었다.

　우리는 어릴 때부터 독립운동이 중국 상하이나 만주, 그리고 미국 같은 해외에서 주로 일어난 것으로 배웠다. 그렇다면 국내에는 이렇다 할 독립운동 세력이 없었을까? 3·1운동에 참여한 인원은 당시 인구 2천만 명 중 어른을 중심으로 인구의 약 20%에 육박하는데 국내에서는 독립운동조직이 존재하지 않았을까? 그렇다. 국내에도 3·1운동이 일어난 해에 국내에서 결성된 조선민족대동단이 있었다. 지금은 거의 잊혀졌지만, 대동단은 독립운동 역사에서 가장 많은 분이 투옥되었던 전국조직이었다. 그러므로 대동단은 훨씬 더 높이 평가받아야 한다고 믿는다.

　1919년은 어떤 해인가? 3·1운동 5년 전에 제1차 세계대전이 있었다. 수많은 사람이 죽거나 다쳤다. 전쟁에서 죽은 사람보다 1918년 초에 시작된 스페인독감으로 사망한 사람이 더 많았다. 당시 인구 약 15억 명 중 사망자만 5천만 명이 넘었다. 이 스페인 독감은 전쟁 중 유럽을 휩쓸었고 중국 등 동양의 여러 나라와 우리나라에도 퍼졌다. 김구 선생도 스페인 독감으로 병원에 입원한 적이 있었다. 당시 충청도 예산 지역에 스페인 독감이 창궐했다는 기록도 있다. 조선에서 사망한 사람이 약 14만 명으로 알려져 있다. 더 이상 전쟁이 지속될 수 있는 상황이 아니었다.

곧 파리강화회의가 열렸고, 미국 윌슨 대통령의 민족자결주의가 선포되었다. 1919년 3월 1일을 기해 동방의 맨 끝 조선에서는 일본 제국주의의 지배에 반대하는 3·1운동이 각계각층 전국 방방곡곡에서 떨쳐 일어났다. 4월에는 인도에서 반영항쟁이, 5월 4일에는 중국에서 5·4운동이 일어났다.

이처럼 1919년은 3·1운동으로 시작된 아시아민족해방운동이 들불처럼 퍼져나간 시기였다.

당시 조선의 젊은이들은 일본 제국주의에 반대하여 동경 유학생을 중심으로 3·1운동의 전초를 마련했을 뿐 아니라 만주에서도 항일운동을 활발하게 전개했다.

3·1운동은 약 175만 명이 참여한 것으로 알려져 있다.[117] 청소년부터 노인까지, 남녀 모두, 머슴부터 전직 대신들까지 직간접으로 참여했다. 주로 각 지역의 장날에 만세 시위가 벌어졌다. 필자의 부친은 당시 16세였는데, 나무를 팔러 읍내 시장에 가는 도중 시장의 만세 시위에 합류해 앞장섰다. 3·1운동은 3월 내내 계속되었다. 물론 이 3·1운동은 일제의 격렬한 탄압을 받았다. 잔혹한 고문에도 만세를 부르다 감옥 안에서 돌아가신 류관순 열사는 당시 17세였다. 어린 학생까지 고문하는 가혹한 상황에서 다른 사람들은 어떠했을까?

---

117) 3·1운동에 대한 통계는 학자마다 견해가 달라 다소 차이가 있다. 박은식 선생의 저서 『한국독립운동지혈사(韓國獨立運動之血史)』에 따르면, 집회 수 1,542회, 참가자 202만 3,098명, 사망자 7,509명, 부상자 1만 5,961명, 체포된 사람 4만 6,948명으로 기록되어 있다(최우석, 「3·1운동, 그 기억의 탄생」, 『서울과 역사』, No.99 90쪽). 신복룡 교수는 총 집회 수 1,492회, 참가자 148만 9,748명, 사망자 7,475명, 부상자 15,693명으로 보고 있다(신복룡, 『대동단실기』 336쪽, 선인, 2014).

많은 인사들이 상하이나 만주로 망명을 했고, 국내에 남은 사람들은 지하운동에 뛰어들었다. 그 지하조직이 바로 조선민족대동단이었다.

항일운동에는 다양한 방식이 있다. 무장투쟁의 방식도 있고, 외교 노선도 있고, 실력을 키우는 교육운동도 있고, 언론활동도 있고, 소작쟁의에 참여하는 방식도 있고, 납세 거부 운동도 있고, 노동운동도 있다. 야학 등 문맹 퇴치 운동도 독립운동이었다. 학교를 만드는 일, 언론사를 만드는 일 등도 넓은 의미의 독립운동이었다. 합법, 반합법, 비합법 등 자신의 처지에 따라 항일운동을 할 수밖에 없던 것이 일제 치하의 조선에 사는 사람들의 처지였다.

또한 1919년은 인류의 사고를 크게 변화시킨 4차원 사고가 등장한 때이다. 바로 아인슈타인의 '상대성 이론'이다. 1919년 5월 29일, 아프리카 프린시페섬에서 아서 에딩턴의 탐험대는 태양 근처의 별에서 나온 빛이 휘는 것으로 관측, 아인슈타인의 상대성 이론을 입증시켜 과학계를 놀라게 했다. 사람들의 인식이 뉴턴의 사고에서 아인슈타인의 사고로 변화하는 해였다.

1919년 아인슈타인의 상대성이론이 증명되기 전까지 사람들은 모든 사물을 절대의 관점에서 바라보았다. 이것 아니면 저것이라는 이차원의 이분법적 사고, 아니면 삼차원의 변증법적 사고가 전부였다. 아인슈타인은 자기 이론을 절대 이론이라 하지 않고 상대성 이론이라 불렀다. 다양성을 전제로 하는 사고다. 만주에서의 무장투쟁, 상하이에서 대한민국임시정부 수립, 미국에서의 외교노선 등 모두 필요한 항일운동이었다. 그중 국내에서는 선구적인 지하운동 조직이 바로 대동단이었다.

대동단은 초기에 3·1운동과 같은 시위를 항쟁의 중심으로 생각했다. 그러나 일제의 탄압으로 시위를 확산시킬 수가 없었다. 일제의 교묘한 문화정책도 일부 작용했다. 이에 따른 실력배양론도 나타났다. 대동단은 보다 조직적이고 목적의식이 있는 항쟁을 계속해야 한다는 결의로 시작한 단체였다. 그러나 대동단은 철저한 점조직에 의한 지하단체였기 때문에 현재까지 그 전모가 파악되지 않고 있다. 필자를 비롯한 후대 사람들이 게으른 탓이다. 후학들은 이에 대해서 겸손해야 한다.

대동단의 외교관 출신 총재 '동농 김가진'
– 친고종 개화파 외교관에서 독립운동가로 –

조선 말기에 개화사상이 한국에 들어와서 중국 대신 일본의 개화에 많은 지식인들이나 관료들이 주목하고 마음이 기울어졌다. 그중 일부는 친일파가 되기도 했다.

고종 치하의 관료들이었던 김가진, 전협, 최익환 등은 모두 일본어에 능통했고 일본에 대해 잘 아는 편이었다. 이들은 한일강제병탄 이후 항일투쟁에 투신했다.

동농 김가진은 대동단의 총재가 되어 1922년 서거할 때까지 대동단을 지휘했다. 대동단은 조직 구성에 각계각층을 모으려고 했다. 3·1운동의 성과를 이어받고자 한 것이었다.

그런데 일부 학계에서 대동단이나 동농 김가진에 대해 복벽주의로

비하하는 사람들이 있다. 대동단이나 동농 김가진이 과거 왕조로 돌아가자는 주장을 했다는 것이다.

대동단이 복벽주의라고 오해받는 이유는 의친왕 이강의 망명 시도 때문이다.

1919년 대동단은 의친왕의 상하이 망명 계획을 세우고 실행하려다 실패했다. 당시 일본 제국주의는 조선의 마지막 왕인 고종과 순종이 나라를 합법적으로 이양했다고 국제사회에 선전했다. 임시정부의 안창호는 의친왕 이강의 망명을 일본의 논리를 깨부술 호재로 보았고 공화주의의 구심이었던 대한민국임시정부 입장에서도 대내외의 지지를 받을 수 있는 기회였다. 고종은 1907년 헤이그 만국평화회의에 밀사를 파견한 것이 빌미가 되어 강제로 퇴위당했다. 의친왕 이강은 "독립되는 우리나라의 평민이 될지언정 합병한 일본의 황족이 되기를 원치 않는다"고 선언했던 사람이다.

당시 흐름에는 왕조를 유지하자는 복고적 흐름도 일부 있었을 것이고, 대한민국임시정부처럼 공화정을 추구하는 흐름도 있었을 것이고, 유럽의 영향을 받아 만주나 동경 유학생 등에서 나타나는 사회주의 경향도 있었을 것이다.

대동단은 1919년 5월 20일 강령을 발표했다. 독립·평화·자유였다.[118] 그리고 1919년 9월에 2차 강령을 발표했다. 독립·평화·사회

---

118) 〈3대 강령〉 내용은 다음과 같다.
   1. 조선의 영원한 독립을 완성할 것.
   1. 세계영원의 평화를 확보할 것.
   1. 사회의 자유발전을 드넓히게(廣博) 할 것.

주의다.[119] 이것은 자유를 바탕에 둔 사회주의였다. 대동단은 자유와 사회주의까지 주장하는, 지금으로 봐도 상당히 진보적인 조직이었다. 복벽주의와 사회주의는 양립할 수 없는 개념이다. 사회주의를 강령에 넣은 것만 봐도 대동단은 복벽주의와 너무나 거리가 먼 단체이고 동농 김가진은 그 단체의 총재이자 공화정을 주장하는 임정의 고문이었다.

대동단이 복벽주의라는 것은 내용을 모르고 하는 말이라고 밖에 볼 수 없다.

동농 김가진을 친일로 낙인찍는 것은 어떻게 봐야 할까?

강제병탄 당시 일제는 조선의 고위관료들에게 귀족 작위를 수여했다. 동농에게는 남작 작위를 부여했다. 그러면 동농은 친일파였을까?

이 사실을 이해하기 위한 배경으로 동농 김가진의 고위관료로서의 이력을 살펴볼 필요가 있다.

동농은 31세에 규장각 검서관으로 관직 생활을 시작했다. 40세에 과거에 급제한 후 중국 천진 종사관을 시작으로 주일본 초대 부공사, 이후 주일공사로 근무했다. 동농은 중국어, 일본어, 영어에 능통한 당대 최고의 외교관이었다.[120]

---

119) 〈독립대동단 임시규칙〉에 있는 강령은 다음과 같다.
　　제2장 취지의 강령
　　　제3조 본단은 조선의 영원한 독립을 공고케 한다.
　　　제4조 본단은 세계의 영원한 평화를 확보한다.
　　　제5조 본단은 사회주의를 철저적으로 실행한다.
120) 동농 김가진의 일생은 김위현, 『동농 김가진전』, 학민사, 2009 참조

당시 초대 주일공사는 민영준이었지만 그는 일본말을 하지 못했다. 그는 일본에 오래 머무르지 않고 한양으로 귀환했다. 사실상 일본공사 직무를 대리한 사람은 동농이었다.

이후 4년간 동농은 주일공사로 일본의 각계 인사들과 친분을 맺게 되었다. 당연히 이토 히로부미(伊藤博文)와도 교제가 있었다.

당시 조선은 일본, 청, 러시아 등 열강의 각축장이었다. 청일전쟁에서 일본이 승리하자 일본군은 경복궁을 포위, 무단점거하고 고종에게 궁 밖 조선군의 무장해제와 이른바 개혁조치를 강박했다. 아수라장이 된 궁궐에서 고종 옆에는 내시 한 명뿐이었다. 김가진은 그 새벽에 소식을 듣고 홀로 궁에 가 지휘관인 야마구치 소좌에게 신분을 밝히고 언성을 높여 "황제 폐하는 어디에 계신가"라고 추궁하고 안내케 해 고종과 왕세자를 구했다.

이를 계기로 동농은 고종의 무한 신뢰를 받았을 것이다. 동농은 일본말을 유창하게 했고, 일본공사를 했으며, 일본 요인들을 많이 알았기 때문에 일본군 지휘관도 어쩔 수 없었던 것이 아닐까?

청일전쟁 이듬해 일본군은 눈엣가시 같은 명성황후를 살해했다. 고종의 공포는 극에 달했을 것이다. 그 결과 아관파천이 일어나고 뒤이어 러일전쟁에서 일본군이 승리하자 조선은 빠르게 일본의 손아귀에 들어갔다. 동농은 고종의 안위가 걱정되었을 것이다. 명성황후를 시해한 낭인들에 대해 법적 처벌을 못할 정도로 조선은 힘이 없었다.

주일공사였고, 농상공대신과 법무대신이었으며, 황해도 및 충청남도관찰사 등을 역임했던 고위관료로서 동농은 그런 고종을 보호하기 위해 최선을 다했을 것이다.

이런 상황에서 1908년 동농은 우리 민족 최대의 적 중 하나인 이토 히로부미의 생일 5개월 전에 시를 발표한 적이 있다.[121] 왜 그랬을까? 외교관 출신으로 고종의 밀명을 받았던지, 아니면 1905년 을사늑약으로 외교권이 박탈당한 조선왕조를 유지하기 위해, 수치를 무릅쓰고 적의 생일을 축하한다는 핑계로 이토에게 20년 전에 했던 말을 상기시키고 싶었던 건 아니었을까.

동농이 남작 작위를 거부하지 못한 것도 일본으로부터 고종을 보호하기 위한 고육책이었을 것이라고 추론할 수 있다.

동농은 1905년 을사늑약 이전부터 서재필과 독립협회를 만들었고(1896년) 고종이 독립협회를 해산시킨 이후 대한협회 총재를 맡아(1908년) 개화와 독립에 매진했지만 역부족이었다. 이 대한협회 총재 당시 함께 일한 분으로 안창호, 신규식, 조완구 등이 있는데, 이후 대한민국임시정부의 중요 인사가 되는 분들이다.

1919년 고종 서거와 3·1운동 이후 동농은 대동단의 총재가 되어 항일 투쟁에 적극적으로 뛰어들었다.

굳이 말하자면 친고종 개화파였던 동농은 고종의 서거 이후 군신의 의리에서 벗어나 새로운 사상과 행동에 투신했다고 볼 수 있을 것이다.

서재필과 민영환은 동농의 둘도 없는 친구였다. 서재필은 김옥균과 함께 갑신정변에 참여했다. 그 결과 가족이 몰살당하고 일본을 거쳐 미국으로 망명해야 했다. 이후 서재필은 미국 시민이 되어 한국으

---

121) 3장 「동농 김가진이 이토 히로부미를 조롱한 생일 축하시의 비밀」

로 돌아와 동농과 함께 독립협회를 만들어 활약했다.

민영환은 동농보다 연배는 아래였지만 직위는 높았다. 동농이 만일 군인이었다면 무장투쟁을 했을 것이고, 의분에 투철한 관료였다면 자결을 했을 수도 있다. 그러나 동농은 외교관 출신이었다. 동농은 민영환이 자결하기 전 백운장에서 함께 대취하여 지은 시가 있다. "어떻게 하면 조선의 명맥을 이을까" 하는 친고종 개화파의 고민이 이 시에 잘 나타나 있다.

동농은 왜 이회영 형제들처럼 만주로 망명하지 않고, 민영환처럼 자결하지 않고, 또 조정구처럼 작위를 반납하지 않고 3·1운동 직후 지하조직인 대동단의 총재가 됐을까?

추론해보자면 외교관 출신으로 특히 주일공사를 거쳐 친고종 개화의 길을 걸었기 때문이라고 생각한다. 그는 고종의 명을 받아 광무개혁을 입안한 사람이다. 이것은 개화파의 상징적인 인물인 김옥균과도 다른 길이었다. 김옥균은 반고종 개화의 길을 걸었다가 암살되었다. 반면 김가진은 친고종 개화의 길을 걸었고 외교관으로서 사실상 고종의 대일창구였다고 보는 것이 타당하다.[122]

그는 서재필과 친분이 깊었고 영어와 중국어에도 능통했다. 국제적 시야가 넓었다는 의미다. 국제적 시야를 갖고 있음으로써 미래에 자신의 역할을 수행한 사람이 바로 동농이 아니었을까? 그는 뒷일을 모색했고, 이 시기 체부동에 있는 그의 집에서 전협 등과 자주 만났

---

[122] 『승정원일기』에서 고종과 동농 단둘이 일본의 정세에 대한 대담을 나눈 기사가 이러한 사실을 잘 나타내고 있다.

다. 그리고 3·1운동이 일어나면서 대동단의 총재가 되었다.

일부에서 동농이 작위를 받았기에 당연히 은사금을 받았으리라 추측한다. 그러나 은사금을 받았다는 근거는 어디에도 기록이 없다. 장강일기에 의하면, 동농은 어쩔 수 없이 남작을 수작했지만 은사금은 받지 않았다고 한다. 은사금을 받았으면 기록이 남아있을 것이다. 거금이기 때문이다. 재정을 지출할 때는 서류가 있기 마련이다. 그런 자료는 나오지 않았다.

청운동 백운장과 체부동 셋집이 의미하는 것은 무엇일까? 동농이 만약 친일파였다면 고종이 하사한 1만여 평의 백운장이 동양척식주식회사로 넘어갈 수 있었을까? 당시 작위 은사금은 현재 기준 수억 원이라고 알려져 있다. 은사금으로 백운장을 보존할 수도 있었다. 동농이 친일파로 행세를 했다면 백운장을 빼앗기고 체부동으로 옮겨가 셋방살이의 빈난(貧難)한 생활을 할 리 없었을 것이다.

1919년 10월 동농이 대한민국임시정부로 망명할 당시 그의 생활은 매우 궁핍했다. 며느리 정정화 선생은 장강일기에 대례복을 팔아서 생활할 만큼 생활이 곤궁했다고 기록하고 있다.

은사금을 받았다는 기록은 없고, 정황 증거는 모두 은사금을 받지 않았다는 사실을 보여준다.

동농은 74세 고령에도 위험을 무릅쓰고 임시정부로 망명을 결행했다. 일본 제국주의는 동농을 회유해 국내로 돌아오게 하려는 공작을 폈지만 실패했다. 일제는 동농의 며느리 정정화의 팔촌 정필화를 통해 회유 공작을 진행했고 김구 선생은 정필화를 상하이에서 처단했다. 독립자금을 마련하려고 어린 며느리를 제국주의 탄압 아래에 있던 한양에 몰래 잠입시켰다. 상하이에서 임시정부의 재정이 상당히 열악했기 때문에 동농의 마지막은 하루 한 끼로, 사실상 굶어 죽었다고 해도 과언이 아니다.

동농이 돌아가신 곳은 대한민국임시정부가 있는 상하이다. 망명한 지 3년째 되는 해였다. 당시 동농은 대한민국임시정부 고문과 김좌진 장군이 이끄는 북로군정서의 명예고문 직책을 맡고 있었다.

1922년 동농이 서거하자 대한민국임시정부는 요인들이 모두 참석해 애도하는 가운데 동농의 장례를 임시정부 요인들이 모두 호상자가 되어 성대하게 거행했다. 당시 동아일보는 그의 서거를 크게 보도했다. 유림연합회는 적선동에 빈소를 차려 조문객을 받았다. 직접 오는 사람들 외에도 서면과 상여글로 조문을 보낸 이들도 많았다. 독립운동에 헌신한 그의 공적을 당시 애국지사들과 국민이 인정하지 않고 친일파라고 봤다면 이런 애도가 가능했을까.

보류된 동농 김가진의 서훈, 아이러니의 극치

동농의 아들 김의한 선생과 며느리 정정화 선생은 모두 서훈을 받았다. 아직도 동농은 서훈을 받지 못했다. 문제는 어디에 있을까?

상하이 만국공묘에 묻힌 동농은 아직까지 국내로 돌아오지 못하고 있다. 당시의 만국공묘는 지금은 송경령능원으로 바뀌어 있다. 손문의 부인인 송경령의 묘소와 동상이 있는 국립묘지격의 능원이다. 이곳에 가보면 큰 카메라로 사진을 찍는 것조차 허가를 받아야 할 정도로 관리와 경비가 엄격하다. 당연히 개인 자격으로 동농의 묘를 이장하는 것은 불가능하다.

동농과 아들 김의한, 며느리 정정화는 상하이에서 대한민국임시정부 활동을 하며 함께 지냈지만, 현재는 서로 다른 곳에 묻혀 있다. 동농의 유해는 중국 상하이에, 며느리 정정화 선생은 대전의 현충원에, 아들 김의한 선생은 북한 평양의 재북인사 묘역에 안치되었다. 대한민국 비극의 100년사가 그대로 드러나 있다.

대동단 활동으로 서훈을 받은 분들은 현재까지 80여 명에 달한다. 그런데 그 총재는 서훈이 25년째 보류되어 있다. 아이러니의 극치다. 대동단과 동농을 복벽주의와 친일로 낙인찍었기 때문이다.

사실 대동단은 80여 명 서훈자만의 것이 아니다. 수백, 수천, 수만 명의 역사라고 볼 수 있다.[123] 최근 조치원읍의 향토사학을 연구하는 세종시 상하수도 과장이 발표한 글에서 조치원읍 내 대동단원이 6명이라고 밝혔다.[124] 그중 서훈을 받은 단원은 2명이다. 6명 모두 3·1운동에 적극적으로 참여했다. 조치원읍은 이후 일제에 납세 거부 운동 등 다양한 대중운동을 펼친 곳이다. 대동단원 일부가 1927년에 설립된 신간회의 간부로 활동한 것은 잘 알려져 있다. 대표적인 인물로 신간회에서 총무간사와 서무부장을 맡은 권태석과 규칙심사위원 및 출판부 간사를 맡은 최익환이 있다.

대동단은 지하조직이기 때문에 자기를 드러낼 수가 없었을 것이

---

123) 전협 등 일제의 재판장 앞에 섰던 사람들은 대동단원을 10만이라고 주장했는데, 점조직 형태의 지하조직이기 때문에 그 사실은 아무도 알 수 없다.
124) 윤철원, 「세종시에서도 대동단 활동한 인물 많았다」, 『세종의소리』, 2020.11.22

다. 검거되어 형을 받은 사람만이 드러난 것이다. 반면 신간회는 준합법 조직이었다.

　김가진은 독립협회와 대한협회에서 맹렬하게 활동했다. 동농이 총재로 있던 대한협회의 주요 간부들은 대부분 망명을 해 상하이나 만주에서 활동했다. 대한협회야말로 조선을 위한 마지막 반일 국민조직이었다. 강제병탄 이후 조선의 2천만 국민 중 독립을 원하지 않는 사람은 없었다. 그러나 항일 투쟁에 직접 나설 수 있는 사람은 그리 많지 않았던 것이 현실이다. 일제의 탄압 아래서 국내에서는 더욱 그랬다.

　독재사회나 제국주의 치하에서 지하운동은 대단한 결단을 요구했다. 특히 그 조직의 장은 책임이 막중할 뿐 아니라 생명을 거는 결단을 할 수밖에 없다. 항상 억압자들은 조직의 최고 지도자를 회유, 매수하거나 안 되면 최고형인 사형 또는 무기징역을 내렸다. 그러므로 지하단체의 장은 신중하고 결단력이 높아야만 했다.

　그렇다면 어떻게 일제가 남작작위까지 준 김가진이 독립운동 지하단체의 최고지도자가 될 수 있었을까? 조직원들이 지하단체의 장을 뽑을 때 그의 능력과 인격, 그리고 사회적 영향력을 두루 보고 추대하게 되어있다. 아무나 하는 것이 아니다. 10명이 모여 지하단체를 만들 때도 같다. 하물며 각계각층 대표로 이름을 올릴 정도라면 다 감옥행을 결단한 애국자들이다. 이분들이 친일파를 총재로 추대했을까?

　일부 후세 학자들이 지하단체의 의미를 낮게 보고 폄하하는 것은 참으로 이들 독립운동가의 명예에 커다란 누를 끼치는 것이라 할 수 있다.

지하단체는 활동을 기록하지 않는 것이 일반적이다. 또 대동단은 점조직으로 이루어졌다.

감옥에 간 대동단원들은 많은 고문을 받았다. 일부는 지독한 고문 끝에 함께한 동지들의 이름을 밝힐 수밖에 없었을 것이고 일부는 이름을 대지 않고 견뎠을 것이다. 최익환의 경우 처음 잡혔을 때 발설하지 않은 것으로 알려져 있다. 그러나 주요 간부였던 그의 검거로 대동단은 타격을 입었다. 일제에 잡혀 포로가 되어 감옥에 가는 것보다, 잡히지 않고 활동하는 것이 더 중요하다. 전협은 8년 형을 받고 7년을 살고 병보석으로 나오자마자 고문 후유증으로 얼마 후 돌아가셨다. 최익환도 6년 형을 받았다. 최익환은 출옥 후 계속 반일운동을 전개한 것으로 알려져 있다.

대동단이 김가진 선생의 서거 이후 사라졌다고 생각하지만 실제로는 사라지지 않았다.

대동단 정신은 이후 좌우합작 운동을 한 준합법 조직 신간회로 이어졌다. 신간회마저 일제의 탄압으로 해체되면서 우리나라 독립운동은 더욱 지하화 되었다.

우리 독립운동사에서 대동단과 동농 김가진은 다시 조명되어야 한다

대동단의 서훈자가 이미 80여 명에 이르지만, 아직 우리나라 교과서에는 없다. 왜 대동단과 동농 김가진에 대한 제대로 된 평가가 없을까?

우선은 대동단의 강령인 독립 · 평화 · 자유 및 사회주의의 역사적 의미가 제대로 연구되지 않았기 때문이다. 그 사회주의는 공산주의나 김일성주의와는 전혀 다르다. 그럼에도 불구하고 사회주의는 분단된 대한민국에서 금기어였다.

대동단이 1919년 5월 독립·평화·자유에서 그해 9월 독립·평화·사회주의로 보다 그 폭을 넓힌 것은 당시의 세계사적 조류와 시대상의 반영이라 볼 수 있다. 1919년 9월의 강령인 사회주의는 자유를 전제로 하는 보다 폭넓은 가치, 특히 경제적 가치를 담고 있다고 생각된다.

조직 명칭에서 대동단을 쓴 것에 대해 비판하는 목소리도 있을 수 있다. 대동은 『예기』에서 나온 말로 공자는 최고의 이상사회를 대동사회라고 이름 붙였다. 서양에서 공동체를 코뮌(commune)이라고 부르지만 우리는 큰 대(大), 같을 동(同) 크게 하나가 되라는 의미로 대동이라 한다. 1919년 공산주의나 코뮌은 멀리 러시아의 생소한 단어였다. 사회주의도 식자들의 개념이었다. 대중적 개념은 대동이었다. 일찍이 개혁가들은 대동법과 같은 방책도 많이 만들었다. 지금의 공공성·정의와 같은 의미였다.

아인슈타인은 시공간이란 개념을 일반화시켰다. 지금의 상황이 아니라 그때의 시공간에서 사물을 보라는 것이 아인슈타인의 이론이다. 2000년대의 시각이 아니라 1900년대의 시각에서, 상하이나 만주나 미국이 아니라 일제 치하 탄압이 심한 한반도 내에서의 공간이라는 것을 가지고 문제를 봐야 한다.

역사에서 후세는 교훈을 얻는다. 왜 우리 사회가 대외의존적이고 정파적으로 흘러가고 있을까? 미국, 중국, 일본, 러시아 이른바 4대

강국에 의존된, 남쪽과 북쪽으로 갈라져 있는 것은 바로 이 대동사상이 부족했기 때문이라 생각된다. 그러나 우리 대동단의 역사가 바르게 자리를 잡을 수 있다면 우리 사회의 잘못된 관점들은 서서히 바뀌게 된다고 확신한다.

이를 위해 1920년 이후 6·10만세운동, 신간회, 조선어학회 등 사회운동이나 소작농민운동, 노동운동 등 다양한 곳에서 발견할 수 있는 대동단의 작은 흔적들을 찾아내 갈무리해야 한다. 이를 연구하고 관계를 분명하게 하는 것은 우리 조선민족대동단기념사업회의 할 일이자 학계의 과제라 믿는다.

난징에서 찍은 김의한·정정화·김자동 가족사진(1935년)

부록

1. 동농 김가진의 생애와 역사적 사건 일람

2. 김의한이 1946년 10월 1일 제출한
   「청운동 가옥과 토지에 대한 소청 사유」

3. 조선민족대동단 서훈자 80여 명 명단

4. 조선민족대동단 총재 김가진 관련 판결문(발췌)

5. 동농 장례식 관련 자료

6. 충남관찰사 김가진과 의병 타임라인(음력 기준)

부록1 동농 김가진의 생애와 역사적 사건 일람

연도	동농 김가진의 생애	역사적 사건
1846	동농 김가진 태어남	
1849		철종 즉위
1857		제2차 아편전쟁(베이징조약, 1860)
1862		진주에서 임술농민항쟁 발발
1863		고종 즉위
1866	의용군 입대 조대비를 인견하고 개혁 의견서 제출	병인양요 제너럴 셔먼호 사건
1868		일본 메이지유신
1871		신미양요
1875		운요호 사건
1876		강화도조약
1877	규장각 검서관으로 관직 생활 시작	
1880	통례원 인의	통리기무아문 설치
1881	장악원 주부/조지서 별제	
1882		임오군란/조청상민수륙무역장정 조미수호통상조약 제물포조약
1883	통리교섭사무아문 주사 기기국 총판 인천항통상사무아문 주사/조계설항서 주사	
1884		갑신정변
1885	내무부 주사 전보총사 설치 건의/우정사 총판 형조정랑	조로수호통상조약 영국, 거문도 점령

부록   205

연도	동농 김가진의 생애	역사적 사건
1886	과거 급제/홍문관 수찬 주차청국천진주재 종사관 파견 종목국 설치 건의	제2차 조로 밀약 사건
1887	주차일본공사관 참찬관 파견 주차일본국판리대신	
1888	주차일본국판사대신(1888~1893)	
1889	공조참의 겸직	황해도 방곡령 사건
1890	승정원 동부승지 겸직 내무참의 겸직 여주목사 겸직 조오 수교 추진	
1891	안동부사 전출 주차일본국판사대신은 계속 겸직	
1893	안동부사 체직 주차일본국판사대신 체직 승정원 우부승지	
1894	내무참의 교섭통상사무 협판/외무아문 독판 군국기무처 회의원으로 갑오개혁 주도 공무아문 협판/공조판서	갑오농민항쟁 청일전쟁 갑오개혁
1895	농상공부대신 중추원 1등의관	을미사변 김홍집 내각, 단발령 포고
1896	서재필과 상무회의소 및 건양협회 발족 석유직수입회사 설립 추진 일본의 농간으로 구속됐다가 풀려남 독립협회 위원	아관파천/김홍집 내각 붕괴 「독립신문」 창간/독립협회 결성
1897	황해도관찰사	대한제국 수립/광무개혁
1898	중추원 1등의관/궁내부 특진관 만민공동회 소두	만민공동회/독립협회 해산 청, 변법자강운동
1899	양잠회사 설립/양잠전습소 겸설	

연도	동농 김가진의 생애	역사적 사건
1900	중추원 의장 인지제도 실시 건의 아들 성엄 김의한 태어남 며느리 수당 정정화 태어남	
1902	국문학교 설립	
1903	중앙은행 창설 사무위원 비원장/고종이 하사해 백운장 건축	
1904	농상공부대신 외부대신 서리/법부대신 서리 형법교정청 총재	러일전쟁/한일의정서 강제 조인
1905	중추원 부의장	을사늑약
1906	충청남도관찰사	일제, 통감부 설치 대한자강회 발족
1907	규장각 제학을 마지막으로 관직 사퇴	국채보상운동 헤이그 특사/고종 강제 퇴위/군대 해산 대한협회 발족
1908	대한협회 회장에 추대됨	일제, 동양척식주식회사 설립
1909		안중근 의사, 이토 히로부미 처단
1910		일제, 한일강제병합/총독부 설치
1911		105사건 중국, 신해혁명 발발(중화민국 건국, 1912)
1914		제1차 세계대전 발발
1916	백운장 빼앗김	
1917		러시아혁명 발발
1918		스페인독감 팬데믹/제1차 세계대전 종전
1919	조선민족대동단 총재(4월) 상해 망명(10월) 대한민국임시정부 고문	파리강화회의 고종 승하 3·1운동/대한민국임시정부 수립
1920	조선민족대동단 상해본부 설치	봉오동대첩/청산리대첩 동아일보/조선일보 창간
1921	북로군정서 명예고문	자유시참변
1922	중국 상해에서 순국	

| 부록2 | 김의한이 1946년 10월 1일 제출한
「청운동 가옥과 토지에 대한 소청 사유」

소청원(訴請願)
- 본적 : 서울시 종로구 사직동 162번지
- 주소 : 서울시 종로구 혜화동 74번지의 17
- 소청인 : 김의한(金毅漢)
  서울시 중구 충무로 2가 14번지
- 피소청인 : 히후미 키쿄(一二三 キクョ)

소청의 사유

1. 소청인의 선조 때부터 사용해오던 서울시 종로구 청운동 6번지 백운장(白雲莊) 가옥과 토지에 대하여 소청합니다.

앞에서 적시한 가옥과 토지는 선친(김가진 金嘉鎭)께서 서기 1903년에 건축한 것임은 세상 사람들이 모두 알고 있는 사실입니다.

서기 1916년 4월 경에 갑자기 가옥과 대지를 강제 집행 처분 당하였고 일본 관리에게 퇴거 명령을 받았습니다. 뜻밖의 처사에 분개하여 그 사유를 조사하였더니, 자가서생(自家書生, 세간 청직) 방치선(方致善)이 일본인이 경영하는 조선실업주식회사(朝鮮實業株式會社)의 사택으로 사용하려고 아무도 모르게 결탁하여 방치선은 주인의 인장을 도용하여 당시 시가 8만 엔으로 추산되는 가옥과 대지를 7천 엔에 전당이 잡힌 형식 하에 경락(競落)되게 한 것이었습니다. 이를 반박하는 동시에 박만서(朴晩緖) 변호사에게 위임하여 경성지방법원(京城地方法院)에 소송을 제기하게 되었습니다. 그러나 선친께서 서기 1914년 105인 사건(소위 데라우치[寺內] 총독 암살 사건)에 관한 혐의로 취조를 두세 차례 당한 후부터는 경찰의 감시가 더욱 엄중해졌으며, 이로 인해 항상 재판을 지연하며 속히 결정을 지어주지 않았습니다. 그러던 중 서기 1919년 3·1운동이 일어나자 선친께서는 같은 해 4월에 비밀결사 대동단(大同團)을 조직하고 총재로서 독립운동을 책동하시다가 지구전을 적극 추진하고자 같은 해 10월 24일에 본인과 함께 고국을 등지고 상해(上海)로 망명을 하였습니다. 집안의 생명과 재산 일체를 돌아보지 못하게 되었고 선친께서는 서기 1922년 7월 4일에 작고하셨으며 본인은 해방 일까지 계속 독립운동을 하고 있었던 것입니다.

2. 선친은 헌신적으로 자기의 생명과 재산을 돌아보지 않고 조국의 독립을 위하여 희생하셨고, 본인도 계속 독립운동을 하다가 서기 1946년 5월에 귀국하였습니다. 조사해본 결과 앞에서 적시한 가옥은 그 이후로 일본인만이 사용하여 서기 1945년 8월 해방 일까지 피소청인(被訴請人) 히후미 키쿄(一二三 キクョ) 일본 여자가 요리업을 경영하였다고 합니다. 해방 이후에는 앞에서 적시한 가옥을 일본인과 밀접하였다는 이유로 현재까지 차상호(車相浩)·이인갑(李寅甲) 두 명의 명의로 임대차하고 있는 중입니다.

3. 선친과 본인이 주거하다가 퇴거당할 때에 함께 퇴거당했던 동거자 서주범(徐疇範) 씨와 이 가옥을 건립할 당시에 직접 감독하셨던 오세창(吳世昌) 선생이 생존하여 이상의 사실과 전말을 상세히 알고 있습니다.

4. 이상 억울함을 당하여 재판까지 하던 중 결말을 보지 못하고 중도에 망명하였고, 그 뒤 연합국 승리의 덕택으로 일본인의 퇴거와 함께 정치적 현실이 변하고 우리의 국가가 되었습니다. 이전 일본인에게 압박당하던 민족으로 착취와 침략을 당했던 원한을 설욕하고자 당국에 탄원하는 바입니다. 일본인이 조성한 상황을 시정하시어 선대의 토지와 가옥을 회수하게 하여주심을 특히 바랍니다.

5. 진정서를 "하지" 중장(中將)과 "러취" 장관(長官)에게 제출하여 군정청(軍政廳)으로부터 회답을 접수한 바, 시재산관리처(市財産管理處)에 넘기어 결재하기로 하였으니 사법부 소청국(司法府 訴請局)으로 서류를 제출하라는 지시가 있었습니다. 이에 일체 증빙서류 등을 첨부하여 소청(訴請)하오니 사정을 잘 헤아리시어 공정하게 선처해 주시기를 바랍니다.

서기 1946년 10월 1일
소청인 김의한(金毅漢)
사법부 소청국장(司法府 訴請局長) 귀하

※ 자료에서 밑줄 친 105인 사건으로 취조받은 시기를 1914년이라고 한 것은 기억의 착오일 수 있으나 취조받았다는 내용은 사실인 것으로 보인다. 그 이유는 1905년 을사늑약 이후 김가진은 대한협회 등을 통해 적극적으로 일제에 저항하고 있어 일제의 주시 대상이 되었을 것이며, 김의한이 거짓 증언을 정부에 공문으로 보낼 리가 없기 때문이다.

부록3 조선민족대동단 서훈자 80여 명 명단

● 전협(1878~1927) : 1919년 김가진 · 최익환 · 권태석 등과 함께 대동단을 조직, 기관지 「대동신문(大同新聞)」을 발간하여 민족정신을 고취시켰다. 의친왕 이강의 상해 대한민국임시정부 망명을 추진했으나 실패하고 일제에 붙잡혔다. 이 사건의 주동자로 지목되어 징역 8년을 선고받고 복역하였다. 7년 동안 복역하고 병보석으로 풀려났으나 얼마 후 사망했다. 애국장(1990)

● 최익환(1889~1959) : 1919년 김가진 · 전협 등과 함께 대동단을 조직하였다. 권태석의 도움으로 인쇄시설을 설치하고 선전문과 포고문을 인쇄해 제2차 독립만세시위를 기획했다. 그러나 일제에 발각, 체포되어 징역 6년을 선고받았다. 애국장(1990)

● 권태석(1895~1948) : 조선민족대동단에 참여하여 자금조달과 각종 선전문건의 인쇄 및 배포 활동을 하다 체포되었다. 이후 사회주의 계열에서 활약했다. 애국장(2006)

● 나창헌(1894~1936) : 경성의학전문학교에서 재학 중 3 · 1운동에 참여했다. 이후 대동단의 비밀단원으로 1920년 1월 상해로 탈출, 김가진을 도와 기관지 『독립』을 간행했다. 독립장(1963)

● 신규식(1880~1922) : 1919년 대한민국임시정부가 수립되기 전까지 한국 독립운동의 기반을 닦았다. 박은식·조소앙 등과 국외 독립운동단체의 단결을 위한 〈대동단결선언〉을 작성했다. 대한민국임시정부에서 법무총장에 임명되었다. 대통령장(1962)

● 김의한(1900~1964) : 1919년 대동단에 가담하여 활동하다 부친 김가진과 함께 중국 상해로 망명했다. 이후 조선민족대동단과 대한민국임시정부에서 활발히 활동했다. 독립장(1990)

● 정정화(1900~1991) : 시부(媤父)인 대동단 총재 김가진의 망명에 뒤이어 상해로 건너갔다. 1930년까지 임시정부의 재정 지원을 위하여 6회에 걸쳐서 국내를 왕복하면서 거액의 독립운동자금을 모집하여 임시정부에 전달하였다. 애족장(1990)

● 이신애(1891~1982) : 3·1운동 때 서울에서 만세운동에 참여했다. 그해 10월 한기동의 권유로 대동단에 가입했다. 제2차 독립만세시위의 〈독립선언서〉에 서명하는 등의 활동을 폈다. 독립장(1963)

● 민강(1883~1931) : 1909년 각계 인사 80여 명과 함께 비밀결사 대동청년당(大同靑年黨)을 조직하고 국권회복운동을 전개했다. 1919년 대동단에 가입·활동했다. 그가 1897년부터 운영하던 동화약방은 해방 후 동화약품으로 확장했다. 독립장(1963)

● 장현식(1896~1950) : 대동단의 운영자금을 제공하고 「대동신문」 발간의 재정운영을 담당해 활동하다가 체포되어 징역 1년, 집행유예 2년을 선고받았다. 애국장(1990)

● 송세호(1893~1970) : 일찍이 상해로 망명하였다. 1919년 3·1운동이 일어나자 대한민국임시정부 수립에 참여하였다. 대동단의 전협과 연락하고 서울에 와서 의친왕 이강을 상해로 탈출시켜 임시정부에 참여시킬 계획을 추진하였다. 애국장(1991)

● 정남용(1896~1921) : 3·1운동 직후 대동단에 가입, 활동했다. 사회 각층의 인사들을 단원으로 포섭하여 독립정신을 고취하는 선전 활동을 하다 일제에 체포, 옥중 순국했다. 독립장(1963)

● 이일영(1865~1925) : 1913년 서울에서 독립의군부에 참여하고, 1919년 대동단 단원으로 활동하다 체포되어 옥고를 치렀다. 건국포장(2014)

● 이을규(1894~1972) : 3·1운동 직후 대동단에 가입하였다. 정남용과 함께 의친왕을 상해까지 수행하는 임무를 맡았으나 일경의 추격을 받다. 1920년 재입국했다가 일경에 체포되었다. 이후 징역 2년을 언도, 옥고를 치렀다. 애족장(1990)

● 이건호(1885~1951) : 1919년 전협으로부터 대동단의 결성 취지를

들고 이에 찬성하여 가입·활동하였다. 애족장(1990)

● 윤종석(1896~1927) : 대한민국임시정부 연통제 본부 활동을 하고, 의친왕을 상해까지 수행하던 중 체포되어 옥고를 치렀다. 애족장(2013)

● 박용만(1881~1928) : 미국·중국 지역에서 항일활동을 하다 1920년 대동단에 참여, 대동단 총부 무정부장으로 임명된다. 이후 러시아 모스크바로 가서 소련 정부와 독립군 근거지를 마련하기 위한 밀약을 체결했다. 대통령장(1995)

● 민영달(1859~1924) : 1919년 대동단을 조직할 때 관여했다. 1921년 동아일보가 운영자금이 없어 속간이 지연되고 있음을 알고 홍증식을 통하여 5천 원을 출자하였다. 애족장(1990)

● 안교일(1888~1950) : 1919년 11월 서울에서 신봉균 등과 함께 독립운동자금 모집 및 독립운동 선전을 목적으로 혈복단을 결성, 항일투쟁을 전개하였다. 같은 달 대동단의 선언서를 인쇄해 배포했다. 애족장(2009)

● 박정선(1874~?) : 대동단의 일원으로 제2차 독립선언 계획에 따라 독립선언서를 배포하고 대한독립만세를 고창하였다. 1919년 11월 28일 안국동 광장 등지에서 태극기를 들고 독립만세를 외치다 일

경에 붙잡혀 징역 1년을 선고 받아 옥고를 치렀다. 애족장(2007)

● 김익하(1849~1936) : 1919년 71세 나이에 제2차 한국독립선언서의 노인대표자에 서명, 배포에 활약하였다. 건국포장(2008)

● 이종춘(1857~1931) : 대동단이 주도한 제2차 독립선언서에 서명하고 이를 추진하였다. 이후 일경에 체포되어 징역 8개월에 집행유예 2년을 받았다. 건국포장(2007)

● 이정(1874~1959) : 1919년 전협으로부터 대동단의 설립목적과 취지를 듣고 유림단의 대표자로 가입하였다. 나창헌·안교일·정규식 등과 함께 제2차 독립만세에 참여하다 일경에 체포되었다. 건국포장(2008)

● 김찬규(1866~1929) : 대동단에 초기부터 참여하며 유림 등의 상류층 인사를 규합하는 책임을 맡고 조직 확대에 힘을 쏟았다. 애국장(1990)

● 김영철(1898~1987) : '선언서', '경고문', '일본 국민에게 고함' 등 대동단의 항일문건을 제작해 배포를 담당했다. 이후 일제에 체포되어 징역 6개월, 집행유예 2년을 선고받았다. 건국포장(2000)

● 이재호(1878~1933) : 궁내부 주사를 거쳐 관직생활을 한 바 있

다. 3·1운동 이후 대동단에 가입하여 단원으로 활동했다. 애국장(1990)

● 동창률(1868~1943) : 3·1운동 직후 오랜 동지였던 전협 등이 대동단을 결성하자 가입·활동했다. 애족장(1990)

● 민치도(1868~1921) : 3·1운동을 전후로 정재면·주창업 등과 국민당 및 결사대를 조직하는 한편, 신덕영·최양옥·김정련 등 대동단 단원들과 연락하여 활동하다가 체포되었다. 애국장(1990)

● 신현구(1882~1930) : 1919년 11월 제2차 독립만세시위를 준비하다 일경에 체포되었다. 징역 5년을 선고 받고 옥고를 치렀다. 독립장(1968)

● 윤용주(1884~1949) : 1919년 대동단에 가입, 지방단원 모집 담당이 되었다. 임응철·김재구·강경진 등을 포섭, 지방 회원의 규합과 군자금 모집 활동을 하다가 일경에게 체포되었다. 애족장(1992)

● 양정(1865~?) : 보부상을 했던 경력으로 1919년 제2차 한국독립선언서 상공단 대표자에 서명하고, 배포하는데 조력했다. 또한 대동단의 활동 근거지를 제공하였다. 애족장(2008)

● 한기동(1898~1997) : 경기도 장단군 진남면에서 3·1운동 만세시

위를 주도하였다. 3·1운동 이후 대동단에 가입하여 활동하였다. 애족장(1990)

● 전대진(1895~1963) : 대동단에 가입하여 제2차 독립만세 계획에 참여하였다. 대통령표창(1995)

● 박원식(1893~1955) : 3·1운동 이후 대동단에 가입하여 제2차 독립만세 계획에 참여하였다. 애족장(1995)

● 김종진(1903~1962) : 숙명여자고등보통학교 2학년에 재학 중 3·1운동에 참여하였다. 이후 대동단원으로 활동하였다. 애족장(2001)

● 조종환(1890~1937) : 1919년 대동단에 가입·활동하다 11월 일경에 체포되어 징역 1년을 선고받아 옥고를 치렀다. 애족장(1994)

● 유경근(1877~1956) : 연해주 신한촌에서 독립운동을 하였다. 이후 임시정부의 연통제 조직 및 대동단에 가담하여 활동하였다. 애족장(1990)

● 김병연(1896~1965) : 독립운동자금을 수차례에 걸쳐 대동단 조선 총지부장 신덕영에게 전달, 신덕영과 함께 서울 지역에서 독립운동을 고취하는 문서를 배포하는 활동을 하였다. 애국장(1990)

● 김상열(1852~?) : 의친왕 이강의 망명을 계획하다 일경에 체포됐다. 건국포장(2008)

● 김석동(1922~1983) : 대동단 총재 김가진의 손자로 1935년 2월 상해로 건너갔다. 1938년 한국 광복진선 청년공작대에서 활동을 했고, 1940년 9월 광복군에 입대하여 제2지대 본부요원으로 활동하였다. 애국장(1990, 광복군으로 서훈)

● 김용원(1892~1934) : 임시정부 경무국에서 활약하다 1920년 7월 지시에 따라 대동단에 가입, 북경에서 박용만·나창헌 등과 비밀리 국내에 들어와 의친왕의 망명 기도에 가담하였다. 애국장(1990)

● 김용환(1892~1919) : 1919년 대동단에 가입하여 군자금 지원에 주력하였다. 신규식에게 대동단의 외교사무를 위임토록 하라는 밀명을 받고 가던 중 콜레라에 감염되어 순국했다. 애족장(1995)

● 강태동(1889~1946) : 1919년 동농 김가진과 함께 상해로 망명하여 임시정부 의정원 의원으로 활동했다. 애국장(1990)

● 김두현(1894~?) : 경상남도 지역에서 대한민국임시정부의 군자금을 모집했다. 이후 대동단원 김덕봉으로부터 「독립신문」과 경고문 등을 받아 배포하다 체포되어 징역 1년을 선고받았다. 애족장(2018)

● 강우석(1901~1965) : 1919년 혈성단을 조직하여 항일투쟁을 전개하였다. 오재영·김두현으로부터 받은 「독립신문」과 경고문을 배포했다. 대동단과 함께 제2차 만세운동 계획에도 참여했다. 애족장(1995)

● 김사국(1895~1926) : 1910년 만주와 연해주 지역에서 독립운동을 하다 1919년 대동단에 가입했다. 서울에서 국민대회를 조직하다 체포되어 징역 1년 6개월을 선고받았다. 애족장(2002)

● 노형규(1876~1947) : 1919년 대동단에 가입, 광주·화순·곡성·담양·보성 등지에서 임시정부의 자금 모집을 위한 활동을 폈다. 애국장(1990)

● 박노창(1888~1977) : 1919년 5월경 정남용으로부터 대동단의 결성 취지를 듣고 이에 찬동하여 대동단에 가입·활동하였다. 애족장(1990)

● 박제웅(1877~1941) : 나창헌의 소개로 총재 김가진을 만나서 군자금 모집을 부탁받고 모집위원으로 위촉되었다. 애국장(2010)

● 신덕영(1890~1968) : 1914년 신흥무관학교를 졸업, 1919년 군자금 모금을 위해 대동단에 가입하였다. 노형규·노석중 등과 자금 모집을 위해 지방 부호에게서 군자금을 갹출하고자 하였다. 독립장(1963)

- 이내수(1860~1933) : 1919년 대동단의 유림단 대표로 추대되었다. 애국장(1990)

- 임응철(1871~1936) : 의병장 임병찬의 장남이다. 1919년 9월 대동단에 가입했다. 애족장(1990)

- 정희종(1872~1943) : 흥인배재학교 교사로 재직하면서 대동단 나창헌의 부탁을 받아 독립선언서를 인쇄하고 배포하였다. 애족장(2008)

- 최창섭(1893~1969) : 1919년 대동단에 가입하여 황인수 등과 함께 항일활동을 했다. 애국장(1990)

- 한위건(1896~1937) : 3·1운동 후 대동단에 가입하여 활동하다가 중국 상해로 망명했다. 독립장(2005)

- 황인수(1886~1945) : 1919년 대동단에서 군자금 모금 지령을 받은 동지 최창섭과 함께 조국의 자주독립을 위하여 대중을 규합하는 등 항일 투쟁을 계획하였다. 애국장(1990)

- 황창오(1896~1983) : 1920년 5월 상해로 망명했다. 이후 총재 김가진을 만나 대동단에 가입하여 항일투쟁을 전개하였다. 독립장(1968)

● 강경진(1893~1940) : 1919년 대동단에 가입한 후 김재구·한태현 등과 남원 지방을 중심으로 조직 확대에 힘을 쏟고 각종 선전물을 배포, 군자금 모금 활동을 하였다. 애족장(1990)

● 경석조(1881~1957) : 1919년 대동단 충북 지부에서 활약하였다. 애족장(1990)

● 김상순(1877~1956) : 전라남도 나주에서 강중현의 권유로 대동단에 가입했다. 전남 지역에서 독립군자금 모금활동을 하다 일경에 체포되었다. 애족장(2011)

● 김정련(1895~1968) : 대동단 전협과 연락을 취하며 전남 각지에서 군자금 모집 활동을 펴다가 일경에 체포되었으나 증거불충분으로 석방되었다. 독립장(1962)

● 노석중(1875~1954) : 1919년 전협으로부터 대동단의 결성 취지를 듣고 가입하였다. 전남 지역을 중심으로 군자금 모집활동을 전개했다. 애국장(1990)

● 선백중(1890~1931) : 대동단원 이내수의 사돈으로 충청도·전라북도 일대에서 독립운동을 하다 체포되어 옥고를 치렀다. 애국장(2016)

- 신종선(1876~1936) : 대동단 조선지부에 관계해 군자금 모집활동을 했다. 건국포장(2011)

- 안이현(1891~?) : 1919년 함남 이원에서 대동단에 가입하고 함경도 일대에서 군자금을 모집하다 체포되어 옥고를 치렀다. 애국장(2013)

- 양인묵(1877~1962) : 신덕영의 권유에 따라 대동단에 가입, 광주·곡성·화순 등지의 부호에게 경고문을 발송하고 군자금 모금 활동을 하다가 일경에 체포되었다. 애족장(1990)

- 유두엽(1898~1971) : 1919년 조철현과 함께 대동단에 가입, 독립운동을 하다 일경에 체포되어 징역 1년을 선고받았다. 애족장(1990)

- 이규병(1854~1920) : 대동단 간도중부회 회장으로 김승국·최준명·허운서 등과 함께 활동하였다. 애족장(1999)

- 이근옥(1884~1959) : 대동단이 주도·작성한 독립선언서와 그 외 선전물을 배포하고, 강원도 고성에서 군자금 모금 활동을 했다. 애국장(1991)

- 이범수(1893~1945) : 남원 일대에서 독립운동을 하다 대동단원 김재구의 권유를 받고 대동단에 가입하였다. 애족장(1990)

● 이재연(1866~1944) : 인천에서 나창헌의 권유로 군자금 모집원이 되어 총재 김가진의 서장과 신임장 1통을 받아 군자금 모집 활동을 전개하였다. 애족장(2008)

● 임병대(1869~1936) : 임병찬의 동생으로 대동단 정읍지방 지부 조직에서 조카 임응철과 함께 동지 규합에 힘을 쏟았다. 건국포장(1996)

● 임수명(1897~1977) : 1919년 8월 부친 임응철과 함께 대동단에 입단하였다. 건국포장(1992)

● 정설교(1894~1969) : 보성고보 3년 재학 중 혁신단에 가입, 대동단원들과 함께 제2차 독립만세운동을 기획하였다. 애족장(1990)

● 정수현(1887~?) : 1920년 서울에서 독립운동자금을 모집하기 위해 구입한 모형 권총을 대동단 간부 신덕영에게 전달하는 등 활동을 하다 체포되어 옥고를 치렀다. 대통령표창(2016)

● 조병철(1877~1939) : 전남 광주 대동단 간부 신덕영 등과 함께 독립운동자금을 모집하는 활동을 하다가 체포되어 옥고를 치렀다. 애족장(2016)

● 조용선(1894~?) : 경기도 수원지역에서 독립운동을 하다 대동단

에 가입하여 활동했다. 애족장(1990)

● 조철현(1898~1922) : 영광 일대에서 대동단과 함께 독립운동을 하다 일제에 체포되어 옥고를 치르고, 고문의 여독으로 순국했다. 애족장(1995)

● 최전구(1850~1938) : 대동단원들과 함께 제2차 독립만세운동을 기획하였다. 애국장(1990)

● 백초월(1878~1944) : 독립자금을 모집하고 의용군을 모집하는 등 활동을 하다 일제에 체포, 옥중에서 순국했다. 애국장(1990)

● 한태현(1878~1951) : 1919년 대동단에 가입한 이후 남원 지역을 중심으로 독립운동을 했다. 애족장(1990)

● 허운서(?~1920) : 북간도에서 대동단 간도 중부회의 기부금 수령계로서 독립운동을 전개하다 일제에 의해 피살되었다. 애국장(1995)

● 형갑수(1892~1973) : 1919년 8월 대동단에 가입하여 김재구·강경진 등과 함께 남원 지역을 중심으로 선전물 배포 활동을 했다. 애족장(1990)

(국가보훈처 독립유공자공훈론에서 채록)

부록4   조선민족대동단 총재 김가진 관련 판결문(발췌)

전협 외 35인 판결문(경성지방법원)

- 송세호 외 8인 판결문
  (1920년 형공제35호·40호, 경성복심법원)
- 윤종석 외 2인 판결문
  (1920년 형상제68호, 고등법원)
  [全協 外 35人 判決文(大正9年公刑第1003號·第1013號, 京城地方法院) 宋世浩 外 8人 判決文(大正10年刑控第35號·40號, 京城覆審法院) 尹鍾奭 外 2人 判決文(大正10年刑上第68號, 高等法院)]

- **생산일**: 1920.12.7/ 1921.3.23/ 1921.5.11
- **사건유형**: 정치범처벌령 위반, 출판법 위반, 보안법 위반 및 사기 사건
- **피고인**: 全協 外 35人
- **주요내용**

京城府 黃金町 4丁目 140番地 전협(全協, 45세) 외 35인에 대한

3·1운동 이후 대동단(大同團) 사건에 대한 대정8년(1919년) 제령 제7호 '정치에관한범죄처벌의건' 위반 및 출판법·보안법 위반 사건

- 소장처 : 국가기록원
- 내용

※첫 번째 문서는 전협(全協, 45세) 외 35인에 대한 대정8년(1919년) 제령 제7호 '정치에관한범죄처벌의건' 위반 및 출판법·보안법 위반, 사기사건에 대한 1920년 12월 7일 경성지방법원의 판결문이다. 그 내용은 다음과 같다(편집자 주).

다음의 피고 등에 대한 정치범처벌령위반, 출판법위반, 보안법위반 및 사기 등 피고사건(大正9年公刑第1003號·第1013號) 및 민강(閔橿)에 대한 보안법위반 피고사건(大正8年公刑第1154號)에 대해 조선총독부 검사 사까이 죠오사부로오(境長三郞)의 간여 및 병합 심리를 마치고 피고 송세호 궐석한 채 판결함. 이 사건 관련 피고인과 1심 형량은 다음과 같다.

- 전협(경성부, 45세, 무직) : 징역 8년
- 최익환(충남 홍성, 30세, 농업) : 징역 6년
- 권태석(경북 금천, 26세, 무직) : 징역 1년6개월
- 이건호(충남 부여, 36세, 무직) : 징역 3년
- 권헌복(충북 보은, 32세, 무직) : 징역 2년
- 박형남(경북 문경, 34세, 무직) : 징역 2년

- 윤용주(충남 아산, 37세, 농업) : 징역 3년
- 윤종석(경기도 강화, 25세, 세브란스연합의학전문학교 3년생) : 징역 3년
- 민강(경성, 37세, 약종상) : 징역 1년 6개월
- 전필순(경기도 용인, 27세, 장로파 예수교 助事) : 징역 1년
- 송세호(경북 경산, 21세, 桃李寺 승려) : 징역 3년
- 정남용(강원도 고성, 25세, 무직) : 징역 5년
- 이을규(충남 논산, 27, 곡물상) : 징역 2년
- 이재호(경성, 43세, 직물업) : 징역 4년
- 동창율(경성, 53세, 무직) : 징역 3년
- 양정(경성, 56세, 무직) : 징역 2년
- 한기동(평양, 23세, 무역상) : 징역 3년
- 안교일(경성, 33세, 이화학당부속 용두리 여학교 교사) : 징역 1년 6개월
- 정희종(경성, 49세, 배재학교 교사) : 징역 1년 6개월
- 전대진(경성, 26세, 양말직공) : 징역 8개월
- 정규식(경기도 양주, 29세, 곡물상) : 징역 2년
- 이신애(원산, 30세, 남감리파 예수교 전도사) : 징역 3년
- 박원식(충남 홍성, 30세, 포목상) : 징역 1년 6개월
- 박용주(경성, 31세, 구두직공) : 징역 6개월
- 김종진(경성, 18세, 숙명여학교 생도) : 징역 6개월 집행유예 2년
- 박정선(경성, 47세, 무직) : 징역 1년
- 김상설(경성, 69세, 무직) : 징역 1년

- 김익하(경성, 72세, 무직) : 징역 8개월 집행유예 2년
- 이종춘(경성, 64세, 무직) : 징역 8개월 집행유예 2년
- 이정(경기도 양주, 46세, 서당 교사) : 징역 1년
- 장현식(전북 김제, 25세, 농업) : 징역 1년
- 이능우(경성, 36세, 무직) : 징역 8개월
- 김영철(경북 영일, 23세, 경성의학전문학교2년생) : 징역 6개월 집행유예 2년
- 조종환(경기도 강화, 33세, 무직) : 징역 1년
- 유경근(경기도 강화, 44세, 광업) : 징역 3년
- 노준(전남 영광, 27세, 농업) : 무죄

피고 김익하, 이종춘, 김영철, 김종진에 대해 각 2년간 그 형의 집행을 유예한다. 피고 양정에 대한 소송 사실 중 전협 등과 함께 이강을 유인하고 또 이강 및 정운복 두 명을 협박하고 북문 외의 독립 가옥에 감금했다는 점 및 피고 노준(魯駿)은 무죄.

● 이유

제1.

大正8년(1919년) 3월 1일 손병희 등 33인이 조선독립선언서를 발표하여 조선민족은 일본제국의 압제에서 벗어나기 위하여 최후의 1인, 최후의 일각까지 노력하자는 내용을 선동한 이래 이를 성원하는 시위운동이 곳곳에서 끊이지 않자 이에 편승하여 피고 최익환(崔益

煥), 전협(全協)은 조선의 독립을 목적으로 하는 단체를 조직하여 다중을 규합하여 크게 활동하기로 하고 동월(同月) 말경 경성부(京城府) 봉익동(鳳翼洞) 62번지 전협의 집에서 "1.조선을 제국의 통치하에서 벗어나게 하여 독립국을 형성시킬 것 2.세계 영원의 평화를 확보할 것 3.사회주의를 철저히 실행할 것"의 3대 강령을 제창하고 대동단(大同團)이라 칭하며 널리 단원과 자금을 모집하고 비밀 출판물 등을 반포하여 해(該) 사상을 고취시켜 이로써 조선에서의 현 정치의 변혁을 일으켜 전시(前示) 목적을 달성하기로 논의하고 동년(同年) 4월 중 남작(男爵) 김가진(金嘉鎭)에게 이 계획을 밝히고 그의 찬동을 얻어 동인(同人)을 대동단(大同團)의 총재로 추대한 후 피고 최익환은 피고 권태석(權泰錫)에게 그 취지와 목적을 설명하고 자금의 제공을 요구하자 피고 권태석은 이에 찬동하여 인쇄기와 인쇄용지 구입비, 기타의 잡비에 전후 몇 차례 600원을 지불하고, 이로 인해 대정8년 영(領) 제690호의 2 내지 13, 16, 17, 19, 20, 26, 28, 31 내지 34 등의 활자, 인쇄기, 인쇄용 재료 등을 구매하고 당해 관청의 허가를 받지 않고,

1-1.

동년(同年) 4월 피고 최익환, 전협은 공모하여 인쇄, 반포를 목적으로

(1) 「선언서」라는 제목으로 대동단의 취지와 목적을 내걸고 손병희 등 33인의 조선독립선언문에 입각하여 끝까지 조선독립을 기하고 총독정치의 철폐를 요구하며 만약 일본이 독립을 승인하지 않고

병력 등으로 우리들을 압박하려 하면 우리들은 일본에 대해 혈전(血戰)을 할 것임을 선언한다는 내용을 기술한 것

(2) 기관방략(機關方略)이라는 제목으로 위의 대동단의 활동기관의 구성 및 활동방법 등을 정하여 조선독립의 목적을 수행한다는 문자를 기술한 것

(3) 진정서(陳情書)라는 제목으로 일한 병합의 불법성을 일일이 반박하고 조선독립이 공인되기를 바란다는 내용을 기술하고 미국과 파리강화회의에 발송할 것이라는 내용을 부기(附記)한 것

(4) 포고(布告)라는 제목으로 모두에 먼저 중화민국 대표 강기요(康寄遙) 외 330인이 조선독립의 승인을 파리강화회의에 청원함에 따라 조선민족은 이들의 동정에 대해 영원히 감사해야 하며 더욱 분려(奮勵)할 것이라는 내용을 기록하고 본문에 위 '청원서'라고 칭한 것의 내용인 즉

일한 병합은 특히 만주, 몽고, 지나, 본국[일본]까지 위험을 초래할 우려가 있으므로 조선의 독립을 승인해 달라는 내용의 기사를 등재한 것을 차례로 저작하고 同府[경성부] 주교정(舟橋町) 125번지 피고 최익환의 차댁(借宅)[셋집]에서 대정8년 영(領) 제 690호의 17의 등사판을 사용하여 1)은 약 70매(同號의 22), 2)는 약 40통(同號의 23), (3)은 약 20통(同號의 24), 4)는 약 50통(同號의 25)를 피고 최익환의 집에서 순차로 이를 인쇄하고

1-2.

동년 5월 중 피고 최익환은 전협과 공모하여 인쇄, 반포를 목적으로

(1) '등교 학생 제군'이라는 제목으로 '조선인 학생들은 감연(敢然)히 동맹하여 조국의 희생하며 독립운동을 위해 노력하여 결코 굴종하지 않는다는 내용을 기술한 것

(2) '선언'이라는 제목으로 위의 선언서와 동일한 취지를 기술한 것,

(3) '관망청담(觀望淸談)의 諸氏에게 경고한다'는 제목으로 일한병합 전후의 제국의 대한정책을 무방(誣謗)하고 일반 조선인은 분기옥쇄(舊起玉碎)할 것' 등을 선동하는 문구를 기술 한 것

(4) '일본국민에게 고함'이라는 제목으로 일본국민은 속히 조선독립을 승인할 것 등을 적은 인쇄물을 저작하여 피고 최익환은 권태석과 공모하여 경성부 종로5정목 189번지 양제은(楊濟殷)의 집에서 1)은 동호(同號)의 16의 모필용 등사판을 사용하여 약 60통(동호의 21), 2)는 동호의 2 내지 6, 9, 10 등의 활판을 사용하여 약 2,000매(동호의 27), 3) (4)은 동호의 17의 철필용 등사판을 사용하고 (3)은 약 1,000여 매(동호의 29), (4)는 약 400통을 순차로 인쇄하고 기회를 보아 이를 반포하여 안녕 질서를 방해하려는 때 동년 5월 23일 피고 최익환, 권태석 두 사람은 일이 발각되어 먼저 체포되었다.

제2.

피고 전협은 위의 최익환의 체포를 전후로 하여 소기(所期)의 목적을 달성하려면 귀족, 진신(縉紳)[신사], 종교가, 상공단, 청년, 부인

등의 각 계급을 망라한 일대 단체를 만들어 널리 동지를 규합하고 또 자금을 모집하여 공족(公族), 귀족(貴族) 등을 상해 방면으로 꾀어 내 조선독립운동의 기세를 드높이는 것이 상책이라고 생각하고,

2–1.

동년 4월부터 10월경까지 남작 김가진(金嘉鎭)을 대동단의 총재로 할 것과 동인의 아들 김의한(金義漢), 그의 사촌동생 김용환(金用煥)과 김봉양(金鳳陽), 유림(柳林)의 유력자인 곽종석(郭鍾錫), 이기현(李基鉉), 구 보부상(褓負商) 두목인 피고 양정(楊楨), 기타 피고 정남용(鄭南用), 한기동(韓基東), 윤용주(尹龍周), 이재호(李在浩), 장현식(張鉉軾) 및 임응철(林應喆), 김재구(金在九), 강경진(姜景鎭)에게 위의 대동단의 취지와 목적을 설명하고 동지로 하여 전기 자 함께 모두 이를 쾌히 승낙하여 대동단원이 되었다. 위 피고 등은 아래와 같이 활동하게 되었고 특히 피고 양정은 상공단의 총대(總代)로서 구 보부상을 규합하여 대동단을 위하여 인쇄물의 배포 등을 담당하는 것으로 하고,

2–2.

피고 정남용은 동년 4월 중 전부터 알고 있던 최익환과 만나 그로부터 대동단의 취지와 목적을 들은 다음 최익환 체포 후 바로 피고 전협과 그의 우소(寓所)인 경성부 봉익동에서 만나 전항과 같이 동인으로부터 설명을 듣고 대동단에 가입하여 최익환의 후임으로 출판행위를 담임할 것을 서약하였고 한편 동년 6월, 7월에서 10월경까

지 피고 권헌복(權憲復), 박형남(朴馨南), 이건호(李建鎬), 송세호(宋世浩), 나창헌(羅昌憲) 등을 권유하여 이들을 대동단원이 되게 했다.

2-3.

피고 이건호는 동년 6월 피고 장현식을 데리고 경성으로 와서 피고 박형남의 소개로 관수교 부근 아무개의 집에서 피고 전협, 정남용 등과 만나 조선독립운동의 경과를 듣고 이어서 동행한 피고 장현식을 소개하자 피고 전협은 대동단의 방침 등을 제시하며 크게 분기하여 조선독립을 이룩하자고 하였으며 대동단 사상 등을 선전하기 위하여 비밀출판을 해야 하나 자금이 부족하다고 하면서 협조를 부탁하자 피고 장현식은 이를 쾌히 승낙하고 기부할 것을 약속하고 귀향하여 동월 하순 거주지에서 3,000원을 피고 이건호에게 교부하였고 동 피고는 동월부터 7월 사이에 전후 3회에 걸쳐 경성부 입정정 피고 전협의 집에서 동인에게 교부하였다.

2-4.

피고 윤용주는 동년 9월 중 전협의 권유로 대동단에 가입하고 경성에 가서 전라남도(全羅南道) 정읍군 임응철(林應喆), 김재구(金在九), 강경진 등에게 위와 같은 대동단의 계획을 고하고 경성부 황금정 4정목 244번지 전복규(全福奎)의 집과 경성부 종로5정목 이규문(李圭文)의 집에서 피고 전협과 만났다. 피고 전협과 윤용주는 독립운동의 유망함과 대동단의 취지와 목적을 설명하면서 동지와 자금 모집에 진력하라고 권유하며 「신임장」이라는 것을 교부하였고 동인들은 전라도에 돌아와서 분주히 활동하다 동월 말경 김재구, 강경진은 이범수(李範壽), 형갑수(邢甲秀)를 데리고 경성으로 갔고 피고 윤용주는 김재구로부터 독립운동자금으로 강경진이 출금한 200원, 형갑수가 출금한 100원을 이규문의 집에서 받아 이를 위의 전복규 집에서 피고 전협에게 교부했다.

2-5.

피고 정남용은 전협과 공모한 후 동년 7월 중 당국의 허가 없이 전국적으로 배포하기 위하여 대동신보(大同新報)라는 제목으로 위의 선언서와 기관방략, 기타 조선독립을 고취하고 선동하는 내용을 기사로 제작하여 이를 인쇄하기 위하여 피고 전협은 장현식이 제공한 자금 중 1,500원을 김가진으로부터 인출하여 피고 정남용에게 교부하였고, 피고 정남용은 이 자금으로 인쇄기 용지 등을 구입하고 이미 동지(同志)가 된 피고 이건호의 첩의 집 경성부 황금정 5가 142번지의 방에서 이를 사용하여 동월 하순경까지 약 10,000매를 인쇄하여 동년 10월 말까지 자신 혹은 타인으로 하여금 경성부 내에 배포하고 또는 지방으로 보내어 배포하게 했다. 피고 권헌복은 위와 같이 정남용의 권유로 대동단에 가입하였고 피고 이건호의 집에 있을 때 정남용으로부터 의식(衣食)을 제공받으며 잡역에 종사하였으며 동년 8월 초순 피고 정남용으로부터 위의 「대동신문」의 배포를 명(命) 받고 동부 창덕궁에서 관수교에 이르는 빈가에 신문 약 50매를 가가호호(家家戶戶)에 투입, 배포하였다.

피고 동창률(董昌律)은 동년 8월 피고 정남용으로부터 함경도 방면에 「대동신보」를 배포하라는 명을 받고 이것을 수십 부를 가지고 함경남도 단천군(端川郡) 파도면 은호리 김병권(金秉權)의 집에 가서 동인에게 동지(同紙) 5매를 주며 동지가 될 것을 권유하였고 이후 그에게 70매를 교부하며 이원 방면에 배포할 것을 부탁하고 경성으로 돌아왔다.

2-6.

동년 8월 중 피고 전협, 정남용은 김가진 등과 협의하여 경성부 체부동 김가진의 집에서 당해 관헌의 허가 없이 인쇄, 배포를 목적으로 전기(前記) 대동단의 3대 강령을 내걸고 그 조직 활동의 세목을 정한 '대동단규칙'(대정8년 領제1210호의 2, 10, 20)을 만들었으며 김가진의 아들 김의한 등은 등사판을 이용하여 수십 부를 인쇄하였고, 동월 중 정남용은 동지를 모집할 목적으로 부산 방면에 배포할 것을 피고 박형남에게 명령하였다. 피고 박형남은 권헌복과 마찬가지로 정남용의 권유로 단원이 되어 이건호의 집에서 거처하면서 정남용으로부터 의식을 제공받으며 잡역을 하고 있으면서 명에 따라 '대동단규칙'을 술작(述作)했는데 김가진의 아들 김의한 등은 등사판을 사용하여 수십 부를 인쇄하고 그 달 중 피고 정남용은 동지 모집의 목적으로 부산 방면에 배포함 것을 피고 박형남에게 명령하고, 피고 박형남은 권헌복과 같이 정남용에게 권유 받고 단원이 되고, 이건호 집에 있었고 정남용에게 의식(衣食)을 급여 받고 잡역에 종사하고 있었는데 위와 같은 명령을 받고 대동단 규칙 몇 부를 가지고 부산부로 가서 구상서(具尚瑞)라는 자에게 이를 교부하였다.

2-7.

동년 10월 중 상해임시정부(上海假政府) 특파원이라며 이종욱(李鍾郁)이라는 자가 경성에 와서 아래와 같이 피고 송세호(宋世浩), 윤종석(尹鍾奭), 나창헌(羅昌憲) 등과 소위 연통제(聯通制)라는 것의 실행에 분주하였고, 다른 한편으로는 경성에서의 각종 조선독립운동을 목적으로 하는 비밀단체와 협동하여 10월 31일 천장절(天長節)을 기하여 상해 방면에서 송부해 온 박은식(朴殷植) 외 수십명의 명의로 된 '제2회 독립선언서'를 반포하고 일대 시위운동을 하려는 계획을 세우고 대동단 총재 김가진 등의 찬동을 한 후 김가진으로부터 피고 전협, 정남용 등과 모의하고 동 피고는 그 취지에 찬동했으나 해(該) 선언서가 조선에 사는 각 계급을 망라한 대표자들로 하지 않으면 그 효과가 없다고 하여 다시 사람을 선정하여 위의 대표를 확정하고 이를 인쇄하여 배포, 선동하자고 하였다. 따라서 나창헌 등이 주동이 되어 인선을 하고, 피고 양정(楊楨), 한기재(韓基在), 이신애(李信愛) 등의 승낙을 받아 선언서 인쇄 준비 등을 정리하면서 해 기일에 맞추기가 어려워 연기하였다.

2-8.

앞서 피고 전협, 정남용, 김가진 등이 의논한 결과 이강(李堈) 공(公)을 상해로 몰래 모시고 가서 그를 수령으로 하고 동인과 김가진 등의 명의로 '제2회 조선독립선언'을 하기 위해서는 내외의 인심을 격동시켜 예상의 효과를 만족하게 거두기 위하여 우선 대동단의 본부를 상해로 옮기는 것이 안전하다고 판단하여 동년 10월 상순 총재 김가진과 그의 아들 김의한은 이종욱과 함께 변장하고 상해로 탈출하였다. 이어서 피고 전협, 정남용, 이재호, 한기동, 동창률 등은 나창헌, 김중옥 등과 공모하여 공족(公族) 이강 공에게 통영(統營) 부근에 있는 카사이 겐타로(香稚源太郞)가 임차한 어기권(漁基權)을 빙자하여 유괴하고 그 후에는 권의(權宜)[임시 편의]의 수단을 이용하여 제국 밖인 상해로 이송하려고 기도하여 피고 이재호는 경성부 삼각정 91번지 정운복(鄭雲復)을 매개로 이강에게 해 어장 임차신청을 했으나 이강으로부터 그것은 사무관의 승인을 받지 못하면 불가능하다는 내용의 거절을 당했다.

  이에 피고 전협 등은 즉시 임대차는 별개의 문제로 하고 이강과 직접 면접을 하기로 하고 이강 공이 카시이(香稚)와의 계약기간이 만료된 후 피고들에게 임차하겠다는 내용을 구두로 설명하면 만족하겠다 하며 차제에 30,000원을 이강에게 대여하고 또 정운복에게는 수수료로 15,000원을 줄 것처럼 감언하여 정운복을 기만하였다. 이에 정운복은 수차례 서면 또는 면담으로 이강에게 교섭한 결과 이강은 전주(錢主)로 사칭하는 한석동(韓錫東)과 피고 전협 등과 면접할 때 즉석에서 금 30,000원을 빌릴 수 있을 것으로 오신(誤信)하고 전주(錢主)와 회견할 뜻을 보이자 정운복은 피고 이재호를 중개로 하여 피고 전협에게 그 뜻을 통지하였다. 피고 등은 대정 8년 11월 9일 밤 미리 밀의의 장소로서 임차하여둔 경성부 공평동 3번지 집에서 회견할 것을 통고하고 현금 수수의 의사로서 이강이 위의 장소에 오면 예정대로 임시 편의 수단으로 상해 도항을 권유하기로 하고 위의 각 피고 일동은 동 장소에 은밀히 넘어 들어왔다.

피고 한기동은 중문에서 피고 동창률은 집밖에서 각각 망을 보고 있었는데 밤 8시경 정운복은 이강 공의 집 抱車夫[인력거꾼] 김삼복(金三福)을 데리고 도착하였다. 이것은 김삼복을 보내면서 이강을 맞이하는 것이 위와 같이 진실로 현금 30,000원을 받을 수 있을 것으로 착오에 빠져 있는 이강은 몰래 자기 집 뒷문으로 탈출하여 인사동 별댁에 잠시 들렀다가 김삼복으로 하여금 위험유무를 탐지한 상태에서 그날 밤 12시경 그 가옥에 도착하여 피고 전협 등이 이강을 영접하여 들임으로써 유괴의 목적을 수행하였다.

피고 전협은 전주(錢主) 한석동(韓錫東)이라 칭하고 피고 이재호와 함께 이강에게 주식(酒食)을 권하고 이어서 정운복을 별실로 초청하여 피고 전협은 정운복에게 이제 곧 이강 공과 함께 상해로 출발하여 상해 임시정부에 몸을 맡길 것을 설명하자, 김중옥(金中玉)은 단총(대정8년 領제1,387호의 1)을 휴대하고 방으로 들어왔고 이어 나창헌, 피고 정남용, 한기동, 동창률 등이 침입하여 이강에게 신체에 위해를 가할 것처럼 협박을 하였다. 또한 정운복이라 칭하며 이강이 있는 실내에 들어와서 위와 같이 상해로 갈 것을 권유를 하고 있을 때 위의 김중옥 등은 권총을 들이대며 위와 같이 위협을 가한 결과 무기력한 이강과 정운복은 그 요구에 따를 수밖에 없었다.

이에 따라 피고 전협은 이강과 함께 인력거를 타고 북문으로 먼저 향하고 정남용, 한기동 등은 정운복의 양손을 포박하고 피고 이재호는 오늘밤은 하는 수 없이 숨어 지내야 한다고 위로하고 인력거에 태워 나창헌 등이 데리고 북문 밖으로 납치하였다. 피고 정남용은 김삼복을 감시하면서 위의 동소에 도착하여 미리 준비해 둔 경기도 고양군 은평면 구기리 73번지 산중 독립가옥으로 데리고 가서 이강을 다음날 10일 오전 5시경까지, 정운복을 동월 12일 오후 4시경까지 방에 유폐하고 피고 등은 서로 감시하여 그들의 자유를 구속하였다.

한편 피고 정남용으로부터 미리 이와 같은 계획 하에 이강을 유괴하여 국외로 탈출케 한다는 사실을 전해들은 피고 이을규(李乙奎)는 안동현(安東縣)까지 이강에게 붙어서 정남용 등과 함께 이송할 것을 인수하고 피고 송세호는 피고 전협 등으로부터 위와 같은 계획 등을 듣고 남대문역 방면의 경계유무를 탐색하고 그 역에서 승차하여 수색역에서 내려 이강에게 붙어 안동현에 도착하여 수미(首尾)를 조심하며 이강을 상해로 향해 떠나게 한 다음, 경성으로 돌아와 동지에게 복명할 것을 담당하였다. 동월 10일 밤 예정대로 동 피고[송세호]는 남대문 역에서 봉천행 열차에 탑승하였고 피고 이을규는 정남용 등과 함께 동일 밤 11시경 수색역에서 이강의 신변에 붙어서 봉천행 열차에 탑승하여 위 피고 송세호와 만났다. 도중 송세호는 평양에서 하차하여 관헌의 경계를 탐색하여 다음 열차를 타고 안동현에 도착하기로 하고 평양역에서 하차하였다. 피고 정남용 이을규는 이강을 감시하면서 다음날 11일 오전 11시경 국경 밖인 안동현에 도착하여 동(同) 역에 하차했으나 경찰관에게 발각되어 이강은 보호되었고 피고 정남용은 체포되었고 피고 이을규는 그곳에서 도주하였다.

2-9.

피고 전협, 정남용, 양정, 한기동은 김가진, 나창헌 등과 협의하여 동년 10월 중 이강을 수령으로 하여 "3월 1일 독립을 선언하고 4월 10일 정부를 건설하려 했으나 완미(頑迷)한 일본은 시세의 추이를 돌아보지 않고 쓸데없는 시랑(豺狼)의 만성(蠻性)으로써 이를 억압하여 대낮에 대중을 총으로 쏘고 성읍 촌락을 불태운다면 이는 인류의 양심으로 참을 수 없는 것이다. 우리 민족의 단충열혈(丹忠熱血)은 결코 이 비정리적(非正理的)인 압박에 위축되는 것이 아니라 더욱더 정의 인도로써 용왕(勇往) 매진할 뿐이다. 만일 일본이 끝까지 회과(悔過)하지 않는다면 우리 민족은 3월 1일 공약에 따라 최후의 1인까지 최대의 성의와 최대의 노력으로서 혈전을 불사할 것을 성명한다"는 기사를 실은 '제2회 독립선언서'에 대표자로서 이름을 열거하고 당해 관헌의 허가 없이 인쇄, 반포하여 일대 시위운동을 함으로써 일반 조선인의 독립사상을 격려 통일하여 조선독립을 실현시킬 것을 기획하였다.

피고 이신애(李信愛)는 동년 8월 경 이래 피고 한기동, 나창헌 등으로부터 대동단의 취지와 목적을 듣고 동인 등의 소개로 피고 전협과 회견하고, 동년 10월에 이르러 위와 같은 독립선언의 기획을 듣고 부인 대표자가 될 것을 승낙하였다. 또 동 피고는 동월 중 피고 박정선(朴貞善), 한일호(韓逸浩)에게 부인 대표가 될 것을 권유하였고, 노인대표자가 될 것을 피고 김상열(金商說), 이종춘(李種春), 김익하(金益夏), 이겸용(李謙容)에게 설명하였다.

피고 전협은 동월경 피고 이정(李政)에게 동 대표자가 될 것을 권유하였고 피고 정규식(鄭奎植)은 동월 나창헌에게 위의 사항을 설명하자, 이로써 피고 박정선 김상열 이종춘 김익하 정규식 이정 등은 모두 이에 쾌히 승낙하고 선언서 문장 등 일체를 간부에게 일임하고 그 명의인[서명인] 즉 선언서 술작자[작성자]로서 연서하게 하였다.

　나창헌 등이 인쇄에 착수 중 피고 전협, 정남용, 양정, 한기동 등이 차례차례 검거됨으로써 나창헌은 피고 이신애, 정규식, 박원식(朴源植), 안교일(安敎一), 정희종(鄭喜鍾) 등과 협력하여 동년 11월 20일경 등사판을 이용하여 피고 정희종의 집과 기타 장소에서 위의 선언서 수백 매(대정8년 領제1387호의 12호 證)를 인쇄하고 마침내 동월 27일 오후 5시를 기하여 경성부 내에 이를 반포함과 동시에 일대 시위운동을 거행하기로 하였다. 그 실행방법으로 자동차 3대를 빌려 (1)1대는 남대문통 조선은행 앞 (2)1대는 동대문 내 한일은행 지점 앞 (3)1대는 정동 배재학당 앞에 파견하고 (1)에는 피고 정규식이 다른 공모자 3명과 함께 차를 타고 해(該) 선언서를 살포하면서 하세가와쵸(長谷川町)를 경유하여 광화문통으로 나와 비각 앞에서 선동연설을 하고 조선독립만세를 고창(高唱)하며 보신각(普信閣)각 부근에 도착할 것 (2)는 피고 이신애, 박정선 등이 탑승하고 도중에 선언서를 살포하고 만세를 고창하며 보신각 부근에 도착할 것 (3)에는 피고 이정과 다른 동지 등이 탑승하여 장소를 출발하여 똑같이 독립만세를 부르며 보신각에 도착하기로 하였다.

　또한 선언서에 대표자인 피고 김상열 등 노인은 同日 같은 시간에 장춘관(長春館)에 모여 술과 식사를 한 후 조용히 기다리기로 하는 한편 나창헌 등은 동월 25일경 위 인쇄한 독립선언서 약 50매와 상해 방면에서 송부한 활판 선언서 약 50매(대정8년 領제1,387호의 13)를 피고 안교일(安敎一)에게 교부하고 동인은 강정희(姜正熙)라는 자의 소개로 피고 정희종의 집으로 보내 민가에 배포하도록 부탁하였다.

　피고 정희종은 다음날 26일 밤 이를 경성부 효제동 202번지 피고 전대진(全大振)의 집으로 가지고 가서 27일의 시위운동기획을 알리고 오늘밤 중에 이를 배포할 것을 부탁하였다. 피고 전대진은 이를 승낙하고 수취한 약 30매를 피고 박용주(朴龍柱)에게 이와 같은 사실을 알리고 배포를 부탁하였고 서로 공모하여 같은 날 밤 종로 5, 6정목(丁目)의 각 민가에 선언서를 투입 배포하고 다음날 27일 오후 5시경 위의 각 피고는 예정된 장소에 도착하였으나 피고 김상열 김익하 이종춘은 경찰관헌에 발각되어 할 수 없이 돌아갔고, 피고 이정, 정규식은 자동차로 왔으나 다른 동지들이 참여치 않아 그곳에 서 있는 동안 체포되었고 정규식은 헛되이 되돌아왔다. 또한 피고 이신애, 박정선 등도 자동차로 왔으나 헛되이 돌아갔다. 동일 밤 피고 이신애, 정규식, 박원식 및 나창헌 등은 피고 김종진의 임시 거처인 경성부 원동 162번지 김정하의 집에서 회합하고 당일의 실패에 분개하여 밤을 새면서 숙의(熟議)하였다. 그 결과 다시 28일 오후 4시 30분을 기하여 경성부 안국동 경찰관 주재소 앞 광장에서 시위운동을 거행할 것을 약속했다.

　다음날 28일 아침 피고 이선애는 피고 박정선 집에 찾아가 동 계획을 밝히고 이에 참가할 것을 요구하였다. 동일 오후 피고 이선애 정규식 박원식 등은 동소(同所)에서 압수된 태극기(대정8년 영제 1387호의 10) 및 대한독립만세라고 쓴 깃발(동호의 11) 각 한 폭을 제작하였다. 동일 오후 4시 30분경 이신애 박정선 정규식 박원식 등은 순서대로 위의 광장에 모였고 또 이 계획을 들어 알게 된 피고 김종진 역시 이 운동의 일원이 되기 위하여 그곳에 참집하고 통행인이 빈번한 동소에서 피고 이신애 정규식은 전기 깃발을 흔들며 앞서서 조선독립만세를 고창하고 피고 박정선 등은 이를 따라 부르기 시작한 순간 피고 박원식을 제외하고 그곳에서 모두 체포되었다. 이로써 모두 안녕 질서를 방해하거나 방해하려고 한 자이다.

제3.

피고 송세호는 동년 3월 중 이종욱의 명령에 따라 상해에서의 조선독립운동 상황을 시찰하였고 동년 10월 중 경성에서 이종욱과 만나 동인으로부터 조선독립운동의 목적을 달성하기 위하여 상해임시정부와 조선 내의 각종 비밀단체와 연락하며 또한 경성에 본부, 지방에 지부를 설치하여 상호 기맥(氣脈)을 통하고 상해에서 송치되는 불온문서의 접수와 배포의 임무를 담당하고 그 임무를 수행하기 위하여 연통제를 시행해야 하나 이에 앞서 경성에 연통제 본부를 설치할 필요가 있다고 하자 이에 찬동하였다. 동월 여러 차례 경성부 연건동 이종욱의 임시 거처에서 이종욱 나창헌 및 피고 송세호 윤종석 전필순(全弼淳) 등과 협의한 결과 위의 피고들도 이에 찬동하여 활동할 것을 서약하였다.

피고 전필순은 본부에서 회계 사무를 담당하고 피고 송세호 윤종석 나창헌 등은 각도 감찰부의 임무를 관장하기로 하였고, 이어서 피고 윤종석은 이종욱으로부터 상해 방면에서 독립운동을 위해 내방하는 동지의 접촉과 문서 접수를 할 장소의 설치와 기관선정을 부탁 받고 동월 중 경성부 화천정(和泉町) 5번지 피고 민강(閔橿)의 집에 들어가 그 취지를 알리고 연락기관으로 할 것을 권유함에 피고 민강은 이를 승낙하고 상해방면에서의 내방자가 암호를 사용하여 오면 동지로 인정하고 이를 피고 윤종석에게 통보할 것과 불온문서는 자기의 영업용 하물의 취급 장소인 경성부 남대문통 5정목 7번지 공성(共成) 운송점 이라는 남창우(南昌祐)의 집 박춘식(朴春植) 앞으로 보낼 것과 동 점에 유치(留置), 통보할 것을 협정하여 둔 바 동월 30일 안동현 방면에서 박만식(朴萬植)이라 칭하는 자가 와서 소정의 암호를 사용하자 피고 민강은 이를 피고 윤종석에게 통보하였다. 동인들은 다음날 아침 면접하고 동일 거행 예정인 시위운동에 대하여 협의하기에 이르렀다.

이에 앞서 피고 민강은 김사국(金思國) 한남수(韓南洙) 안상덕(安商悳) 등이 3월 1일 이래 조선 각지에서 빈발(頻發)한 독립운동이 하등의 연락도 없고 소기의 효과를 거둔 바가 없음을 개탄하고 '국민대회'라는 것을 조직하여 각개의 독립운동단체를 통일, 결합하고 각 도의 대표자를 경성부 서린동 봉춘관에 집합케 하는 동시에 다중을 규합하여 시위운동을 할 계획을 수립하고 이 비용을 각출하기 위하여 동년 4월 19일경 김사국의 임시 숙소인 경성부 통의동 김회수(金晦秀)의 집에서 동인(同人), 안상덕 등과 회합하였을 때 참집(參集)하고 천도교 대표자 안상덕, 기독교 대표자 현석칠(玄錫七)에게 각 600원을 제공하는 것으로 하였다. 그 수수(授受)는 피고 민강이 약종상을 경영하여 금전 출납 및 손님의 내용와 빈번하여 오히려 비밀 누설을 방지하기에 충분하여 동 피고의 손을 거치는 것으로 하고 피고 민강은 이를 쾌락(快諾)하였다. 결과 다음날 20일 안상덕은 금 500원을 피고 민강의 집에서 지참하고 동 피고는 이를 수취 보관하고 있다가 그날 밤 찾아온 김사국에게 이를 교부한 사실이 발각되어 검거되어, 동년 8월 중 보석으로 출감하였으나 위의 범행이 있으므로 계속되는 범의를 보인 자이다.

※ 이후 제4. 피고 유경근(劉景根) 이하의 내용은 생략하기로 한다. 자료열람은 한국학진흥사업성과포털 '전협 외 인 판결문' 항목 참조 (편집자 주).

부록5　동농 장례식 관련 자료

「부고」
『독립신문』 1922년 7월 8일

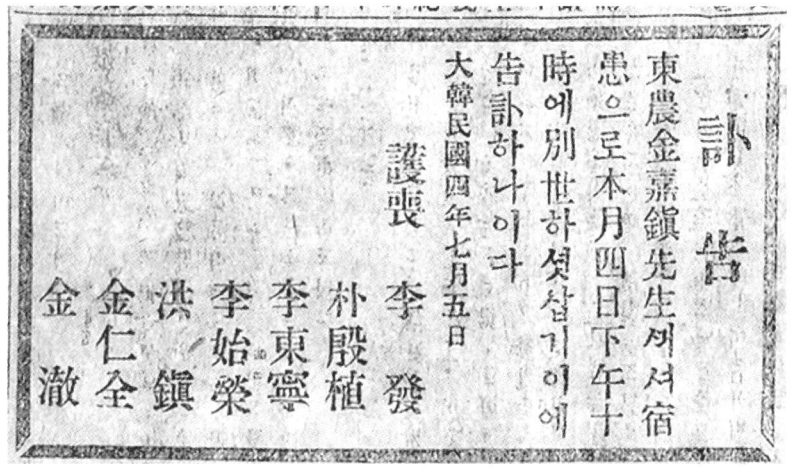

출처 : 독립신문
대한민국역사박물관 독립신문데이터베이스
http://archive.much.go.kr/archive/newspaper/index.do

【내용】

부고

동농 김가진 선생께서 숙환으로 본월 4일 오후(下午) 10시에 별세하셨기에 이에 부고하나이다   대한민국 4년 7월 5일

호상(護喪)

이발, 박은식, 이동녕, 이시영, 홍진, 김인전, 김철

【해제】

동농 김가진의 부고 기사. 상을 책임지는 호상자 7인은 모두 대한민국임시정부의 중요한 요인이자 독립운동가이기 때문에 주목할 만하다.

호상자 중 최연장자인 이발은 대한민국임시정부 제2대 국무총리인 이동휘의 부친이자 연해주를 중심으로 독립운동을 전개했다. 박은식은 대한민국임시정부의 제3대 대통령이자 임시정부의 기관지『독립신문』의 주필이다. 이동녕은 대한민국임시정부 제2·3·6·7·8대 국무회의 주석, 대한민국임시의정원 초대 의장을 맡은 핵심 요인이다. 신흥무관학교를 설립한 이시영은 대한민국임시정부 초대 법무총장을 필두로 임시정부의 요직을 두루 거쳤다. 홍진은 대한민국임시정부의 제6대 국무령으로 대한민국임시정부에서 광복군의 전력 강화, 임정의 국제 승인, 재중한인의 권익을 지키기 위해 노력한 독립운동가였다. 김인전은 임시정부의 재무부 비서국장 겸 임시공채관리국장으로 독립운동 자금의 조달

을 책임졌고, 김철은 임시정부의 여러 지위를 거쳐 1930년 군무부장 시절 직접 한인애국단에 가입, 애국단원의 활동을 지원했던 독립운동가였다.

이처럼 대한민국임시정부의 주요 요인들을 중심으로 장례가 주도된 것은 단순한 장례 이상의 의미를 지닌다고 볼 수 있다. 특히, 대한민국임시정부의 기관지인 『독립신문』 전체를 통틀어 부고 기사를 낸 경우는 총 11건인데 그중에서 임시정부의 주요 요인들이 호상을 한 경우는 안태국(신민회, 105인 사건의 핵심인물), 박은식, 동농 뿐이다. 대한민국임시정부의 기관지를 통해 요인들이 호상을 맡음을 알리는 경우가 흔한 경우가 아님을 재차 확인할 수 있다.

| 부록6 | 충남관찰사 김가진과 의병 타임라인(음력 기준)

1906년 4월 15일 : 김가진, 충남관찰사에 임명
1906년 4월 18일 : 민종식, 충남에서 거병. 정부, 홍주에서 거병한 것에 대한 책임을 물어 군수 이교석을 해임, 신임 군수로 윤시영을 임명
1906년 4월 23일 : 김가진, 충남재판소 판사에 겸임
1906년 4월 26일 : 민종식, 홍주성 점령
1906년 4월 27일 ~ 윤4월 8일 : 의병, 홍주 일대에서 일본군과 교전 후 퇴각
1906년 10월 2일 : 이남규 부자 체포
1906년 11월 5일 : 민종식, 공주에서 체포
1906년 12월 3일 : 김가진, 민종식외 의병 주도자를 평리원으로 압송, 숨겨준 이남규, 성우영을 집으로 환송함을 법부에 보고
1907년 3월 15일 : 김가진 중추원 찬의에 임명
1907년 4월 2일 : 충남관찰사 신임 관찰사 임명
1907년 4월 6일 : 김가진, 충남 재판관에서 해임되며 충남의 지방관 관직 모두 상실
1907년 4월 19일 : 김가진, 중추원 찬의 거절 상소, 10월 26일 규장각 제학 임명까지 관직이 없음.
1907년 5월 24일 : 민종식, 감형(및 유배형) 처분
1907년 8월 19일 : 이남규 의병장 부자 순국

○ 「보고서 제102호」『사법품보(을)』1906년 12월 3일

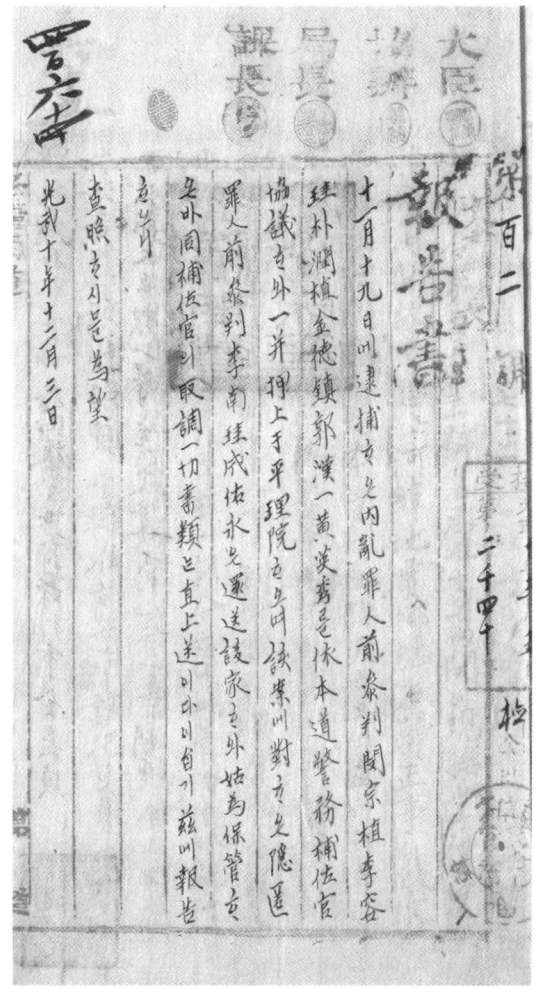

사법품보자료

(출처 : 사법품보〈을〉)
규장각한국학연구원 원문검색서비스 내 司法稟報(乙)
https://kyudb.snu.ac.kr/

원문서명 : 보고서 제102호

발신자: 충청남도재판소판사 김가진

발신일: 광무10년(1906) 12월 3일

수신자: 법부대신 이하영(李夏榮)

접수: 광무10년(1906) 12월 5일 제2040호

참조 및 결재 대신 협판(大臣 協辦)

【원문】

十一月十九日에 逮捕ᄒ온 內亂罪人前參判 閔宗植 李容珪 朴潤植 金德鎭 郭漢一 黃英秀를 依本道警務補佐官協議ᄒ와 一幷押上于平理院ᄒ오며 該案에 對ᄒ온 隱匿罪人前參判 李南珪 成佑永은 還送該家ᄒ와 姑爲保管ᄒ온바 同補佐官의 取調一切書類ᄂᆞᆫ 直上送이다 이옵기 玆에 報告ᄒ오니 査照ᄒ시믈 爲望.

忠淸南道裁判所判事 金嘉鎭

【국역】

11월 19일에 체포(逮捕)해온 내란죄인 전참판 민종식, 이용규, 박윤식, 김덕진, 곽한일, 황영수를 본도의 경무보좌관 협의해 모두 평리원으로 압송하오며 해당안에 대하온 은닉죄인 전참판 이남규, 성우영은 각자 집으로 환송해 잠깐 보관(姑爲保管)해온 동 보좌관의 취조 일체 서류는 바로 보내(直上送)드립니다. 이에 보고하오니 사조(조사해 대조함)하심을 요청드립니다.

충청남도재판소판사 김가진

【해제】
충남재판소판사 동농이 중앙정부에 보낸 보고서로 민종식을 비롯한 의병 지도자를 평리원으로 압송하고 의병 지도자들을 숨겨준 이남규, 성우영을 집으로 보냄을 보고한 내용이다.

○ 고종실록 고종 44년(1907) 4월 2일(양력 5월 13일)
종1품 한규설(韓圭卨)을 육군 부장(陸軍副將)에, 사세국장(司稅局長) **이건영(李健榮)을 충청남도 관찰사(忠淸南道觀察使)**에, 종2품 권익상(權益相)을 전라남도 관찰사(全羅南道觀察使)에, 종2품 김영진(金永振)을 봉상사 제조(奉常司提調)에 임용하고, 모두 칙임관(勅任官) 3등에 서임(敍任)하였으며, 종2품 황기연(黃耆淵)을 중추원 찬의(中樞院贊議)에 임용하고 칙임관 2등에 서임하였다.

○ 승정원일기 고종 44년(1907) 4월 6일(양력 5월 17일)
전 충청남도 관찰사 김가진(金嘉鎭)을 **겸임 충청남도재판소 판사(兼任忠淸南道裁判所判事)**에서 해임하고, 충청남도 관찰사 이건영(李健榮)을 겸임 충청남도재판소 판사에 임명하였다.

【해제】 김가진은 1907년 4월 충남재판소 판사에서 해임되며 충청남도와 관련된 모든 관직에서 물러난다. 이로부터 4달 뒤에 이남규 부자는 암살 당한다. 한편 민종식은 이미 서울로 올라가서 재판을 대기하던 상황이었다.

대동단 총재 김가진

초 판	1쇄	2021년 11월 1일 발행
	4쇄	2022년 2월 1일 발행

지은이	장명국
펴낸이	장민환
발행처	석탑출판(주)
주 소	서울시 종로구 새문안로 3길 3, B3 (신문로 1가, 내일신문)
전 화	02-2287-2290 팩 스 02-2287-2291
이메일	seoktoppub@naver.com
디자인	디자인내일
인 쇄	(주)프린피아

값 20,000원
ISBN 978-89-293-0443-0

| 잘못된 책은 바꿔드립니다.
| 이 책의 전부 또는 일부 내용을 재사용하려면 저작권자와 석탑출판사(주)의 동의를 받아야 합니다.